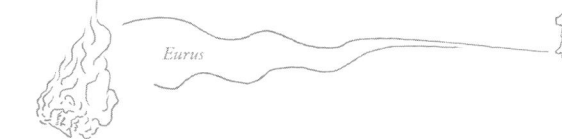

岩波新書編集部 編

18歳からの民主主義

JN229410

岩波新書
1599

はじめに

　「フランスだって、大革命以後何度も失敗し、ファシズムに近いところまで追い込まれ、盛り返している。その盛り返すパワーが重要なんだ」

　これは "この国はどこへ行こうとしているのか" というインタビュー記事(毎日新聞 2007 年 8 月 31 日夕刊)の中で、哲学者の鶴見俊輔さんが語ったことばです。

　かつて戦争へと向かった不穏な時代にもたとえられ、民主主義の危機が叫ばれる現在の日本。私たちの中に果たして、鶴見さんの言う「盛り返すパワー」はあるのか？　ないのか？　本書はまず、そういう問いかけから始めたいと思います。

　2016 年夏の選挙から、選挙権の年齢が「18 歳以上」に引き下げられます。今回、初めて選挙権をもつ 18 歳、19 歳のみなさんは、生まれてからこれまで、どんな「日本」に生きてきたのでしょう。

　18 年前の 1998 年、日本は、バブル崩壊の後遺症に苦しみ、大きな金融機関が次々と破綻、町ではホームレスが急増して社会問題化していました。保育園・幼稚園に通っていた 2001 年には 9・11 同時多発テロが起き、小学校入学の頃には、陸上自衛隊がイラクに派遣されました。

　そして、2011 年 3 月 11 日。東日本大震災と福島第一原発事故の影響で、小学校の卒業式や終業式が中止や延期になった人も多いかもしれません。

　翌年末には、自民党の安倍晋三氏がふたたび首相に就任。

「国民に信を問う」と言いながら、実際には選挙を自分たちに都合のよい道具としか見ない、きわめて独善的な政治が進められています。みなさんのまわりにも、あるいはみなさんのなかにも、「NO！」と声を上げるために国会前のデモへ行った人がいるかもしれません。そのデモの光景を見て、みなさんは何を感じますか？　何を考えますか？

　本書は、これから初めての選挙で投票をするみなさんとともに、民主主義とは何か、どうすれば民主主義を実践できるかを考えるための本です。

　第Ⅰ部「民主主義のキホン」では、学者やジャーナリストなど専門家の方々に、そもそも民主主義を考える際に、まず押さえておきたい基礎知識を、学校の教科書や副教材とは違った視点からまとめてもらっています。

　第Ⅱ部「選挙。ここがポイント！」では、私たち有権者の１人ひとりが具体的に何を判断のよりどころとして投票すればよいのか、それぞれの道の達人たちに 10 のポイントにしぼって、解説してもらいました。

　第Ⅲ部「立ちあがる民主主義！──18 歳も、101 歳も」では、世代も、立場も、職業も多彩な方々に、それぞれの視点から、いま、民主主義について思うことを縦横無尽に語ってもらっています。民主主義とはどれほど多様で豊かなものかを感じていただければ幸いです。

　本書を読んで、みなさんの中に民主主義を盛り返すパワーが生まれることを願っています。

　　2016 年 4 月

岩波新書編集部

目　次

はじめに

I　民主主義のキホン

II　選挙。ここがポイント！

Ⅲ　立ちあがる民主主義！
―18歳も、101歳も―

本文カット：ⓒおかざき乾じろ

I

民主主義のキホン

なぜ 18 歳から？

——— 青井未帆

‖‖‖ **2015 年夏の経験から** ‖‖‖‖‖‖‖‖‖‖‖‖‖‖‖‖‖‖‖‖‖‖‖‖‖‖‖‖‖‖‖

　さあ、いよいよ「18 歳選挙権」！ 憲法では国会や地方議会の議員の選挙は、「成年者による普通選挙を保障する」（第 15 条 3 項）としています。これまで長らく選挙権年齢は満 20 歳以上とされてきましたが、2015 年の公職選挙法改正により、満 18 歳以上に引き下げられ、新たに 18 歳と 19 歳の、約 240 万人の若者が投票できることになりました。

　ここのところ、政治が憲法を無視し乗り越えるさまを、私たちは立て続けに目撃してはいないでしょうか。デモや集会で民意が示されても、政権は頑として立ち止まることがない——憲法が権力の暴走をしばる「立憲主義」は、相当に深く傷ついているのではないか。議会制民主主義はうまく機能していないのではないか……。

　2015 年の夏、安全保障関連法案が国会で成立した場面をテレビで見た人も多いと思います。国会のまわりや各地で反対のデモが盛り上がるなかで、参議院の特別委員会では、手続き上のルールにも違反する、まさに目を疑うような強行採決がなされました（この委員会の中継動画は、イ

ンターネットで検索すれば見ることができます）。委員会採決後の参議院の本会議でも、強引な運営で成立とされました。とんでもないことがされてしまったのだけれど、特に与党議員には、そのような意識は薄いようです。日本の国会で充分な議論がなされていない、という状態について、これまでも「病理」とか「危機」とか指摘されてきましたが、このような国会運営を許すべきではありません。

しかも、今回そのような強引な手続きで成立させられたのは、憲法学の専門家を含めた各方面から「これらの法律は憲法違反だ」と強く批判された安保法案です。「法律のプロ」として、これまで政府を支えてきた内閣法制局長官の経験者や、最高裁の元裁判官までが「違憲」と断じたのは異例中の異例のことです。「政治を憲法に従わせる」という考えに立つ立憲主義にとって、これはまさに異常な事態です。だからこそ、年齢も、バックグラウンドも異なる多くの市民たちが「憲法守れ！」と声をあげました。

選挙で選ばれた議員による十分な審議にもとづき、政治を運営する「議会制民主主義」、そして憲法が権力にしばりをかける「立憲政治」を、立て直さなくてはならない──その責任は、次の世代に政治を引きつぐ私たち市民にかかっています。

‖‖‖‖ **選挙権を持つことの意味** ‖‖‖‖‖‖‖‖‖‖‖‖‖‖‖‖‖‖‖‖‖‖‖‖

まず、「選挙権」が、とても重要な基本的な権利であることを確認しておきましょう。この権利は、私たちが「主権者」である、というその地位にもとづいて、保障されて

います。つまり、選挙権は、国の法や政策の根拠（統治の正統性）そのものを支えているのです。日本の最高裁判所も、憲法は、国民が主権者として両議院の議員選挙で投票をすることによって国の政治に参加する権利を保障している、と述べています（在外邦人選挙権事件の判決文、平成17年9月14日）。

「憲法の番人」である最高裁がこのように述べたことは重要です。「投票によって政治に参加する」という国民の立場が「権利」と呼ばれていることに、よく注意してください。政治への参加の仕方には、デモや集会、メディアの働きを通じてなど、さまざまなものがありますが、「投票」という行動は、私たち国民が「主権者」であることにもとづいて認められた権利なのです。

IIIII **18 歳選挙権は当然だ** IIIIIIIIIIIIIIIIIIIIIIIIIIIIIIIIIIIIIIII

このように大切な選挙権の行使には、一定の年齢が求められています。赤ちゃんや幼稚園児が選挙権を持つなんてことは想像しがたいとしても、では、いつからならよいのでしょう。

日本では長らく、20歳が、1票を投ずることで政治に参加するにふさわしい年齢、と考えられてきました。しかし、2008年12月に発表された『主要国の各種法定年齢』(国立国会図書館調査及び立法考査局)は、「選挙権年齢の世界の趨勢は18歳」と結論づけました。調査された189カ国・地域のうち、18歳までに選挙権が付与されているのは、なんと170カ国(89.9%)、さらに16歳へ引

	選挙権	被選挙権	備 考
アメリカ	18*	25	*1971 年州別規定を改正
イギリス	18*	18	*1969 年 21 歳より改正
インドネシア	17*	21	*既婚者は年齢不問
オーストリア	16	18	
キューバ	16	18	
シンガポール	21	21	
タ イ	18	25	
大韓民国	19*	25	*2005 年 20 歳より改正
台 湾	20	23	
中華人民共和国	18*	18	*直接選挙ではない
朝鮮民主主義人民共和国	17	17	
ド イ ツ	18*	18	*1970 年 21 歳より改正
日 本	18*	25	*2016 年 20 歳より改正
フランス	18*	23	*1974 年 21 歳より改正
香 港	18	21	
ロ シ ア	18	21	

各国の選挙権年齢・被選挙権年齢(下院)

国立国会図書館調査及び立法考査局
『主要国の各種法定年齢』(2008 年)より作成

き下げる傾向も報告されています。

　国や地域で差はあるとしても、人間の心身の成熟するスピードに、さほど大きな違いはないでしょう。多くの国や地域で 18 歳が「政治に参加しうる年齢」とみなされているのなら、日本の 18 歳もそうであると言ってよいはずです。

　だとすると、これまで「20 歳以上」としていたのは権利を制約しすぎていたことになります。今回、選挙権が 18 歳に引き下げられたことは、国民の「主権者としての地位」にもとづき与えられる選挙権の重要性から考えれば、当然のことでしょう。

‖‖‖ なぜ「16 歳選挙権」ではないのか？ ‖‖‖‖‖‖‖‖‖‖‖

　さらに、「ではなぜ 16 歳以上ではないのか」という疑問も出てきそうですね。

　子どもは、心と体が成長するにつれて社会と少しずつかかわり、政治に参加し、市民社会を支えていくようになります。このような「成長」という時間の経過も、憲法や法律などでは考慮に入れられます。

　客観的にみて「何歳から社会に参加しうる」と考えられているか、これが、選挙権年齢の判断の、1 つのカギとなるでしょう。そこで、私たちの社会参加の重要な入口である、「働く」ということに注目してみます。働くことで、喜びを得たり、対価としてお金を受け取ったりすることは、社会の一員として、社会を支える行為だからです。

　子どもには、大人の言うことを鵜呑みにして安く働かさ

れたり、働く環境によっては心や体に癒すことのできない傷を負わされたりする危険もあります。大人にとって都合の悪い知恵をつけさせないよう、学校に行かせない方がよいと考える大人も必ずいるでしょう。そこで子どもを保護し、配慮する法的な仕組みが必要です。

日本の憲法は、すべての国民に対し、保護する子ども（子女）に普通教育を受けさせる義務を定めています（第26条2項）。また「児童は、これを酷使してはならない」（第27条3項）としています。

具体的に見てみましょう。教育基本法は、義務教育について、個人の能力を伸ばし社会で自立的に生きる基礎を培うこと、国家そして社会の形成者として必要とされる、基本的な資質を養うことをその目的としてあげています（第5条2項）。学校教育法は義務教育を、「満15歳に達した日の属する学年の終わりまで」、つまり中学校までと定めています（第17条2項）。労働基準法では、基本的に中学生以下の児童を働かせてはいけないとしており（第56条）、未成年者や満18歳に満たない者は、成年者と区別して扱っています（第6章）。

このように、義務教育の修了の前後で、扱いが大きく変わっているのをみると、日本では義務教育後の16歳から、"制約を受けつつも本格的に社会に参加し始めることができる"とされていることがわかります。高校生のバイトも、ごく普通のことですね。

だとすると、社会に労働力として参加できる、とされている以上は、政治にも参加できる、と考えるべきではないでしょうか。みなさんはどう思われますか。ぜひ、今後の

議論の対象にして、考えてみてください。

　ところで、念のため。「働いているから、選挙権がある」とか「大人として判断する力があるから、選挙権がある」といったことは、憲法も、法律も、私も、述べていません。そういう議論は「働いていない人には選挙権を与えるな」とか、「認知症になったら選挙権を剥奪せよ」という議論と紙一重ですし、そもそも根本的に間違った理解です。人である以上、そして主権者として当然に、政治に参加する権利や地位を持っているのだということを理解してください。

‖‖‖‖政治における法律制定の意味 ‖‖‖‖‖‖‖‖‖‖‖‖‖‖‖‖‖‖‖‖‖‖‖‖

　次に、私たちが参加する対象である「政治」について、憲法とのかかわりから見ていきましょう。ここ数年、メディアで大きく取り上げられている「立憲主義」とは、簡単に言えば、「政治を憲法に従わせる」という考え方です。

　なぜそのように考えるのでしょう。「信頼は、どこでも専制の親である。自由な政府は、信頼ではなく猜疑にもとづいて建国される」とは、アメリカ独立宣言を起草した第3代アメリカ大統領トマス・ジェファソンの言葉です。「立憲主義」の根本には、ジェファソンが述べたような、権力に対する深い猜疑があります。為政者の「慈悲深い仁政」や「徳政」に期待するのではなく、法で権力に限界を設けることによって自由を守る、という考えです。

　ですから憲法の規定においては、通常何十年、場合によっては100年を超える中長期的なスパンで、国のあり方

を構想しています。１年、２年といった単位ではないのです。憲法は、私たちの人権・自由の保障を究極の目的においています。そのため、権力が暴走することなく政治が行われるよう、権力を集中させることなく分立させ、政治のあり方の大枠を定めているのです。

　政治においては「法律を制定する」ことこそが要ですから、ここに注目してみましょう。憲法は「国会は、国権の最高機関であつて、国の唯一の立法機関である」（第41条）と述べています。「単なる紙切れ」がどのように「法律」となるかを定めているわけです。憲法第59条は「法律案は、この憲法に特別の定のある場合を除いては、両議院で可決したとき法律となる」としています。

　もっとも、2015年の安保法制制定時でもそうでしたが、実際に立法を主導しているのは、内閣です。複雑さを増す現代社会で、三権分立とされる立法・司法・行政という３つの権力のうち、立法を働きかけ執行する権力、つまり行政権をにぎる内閣が、政治の中心とならざるを得ません。とはいえ、行政府は自らの政策を、国会を通さずにそのまま、法律としての効力を持たせることはできません。ここがポイントです。そうでなかったとしたら、権力の暴走を止める最終的な制度的担保がなくなってしまいます。それが起こってしまったのが、ナチスの全権委任法制定です。法律を作る権限を政府にすべて委ねてしまったことは、先進的だったワイマール憲法が、憲法としての効力を失う大きな要因になりました。

　自民党が2012年に作成した改憲草案の「緊急事態条項」が危険視されているのは、この点についての認識が薄

く、条文のつくりが杜撰で、憲法の破壊の危険に対し、その防止に無力だと思われるからです。

　日本では議院内閣制がとられており、国会の多数派が支持する与党によって内閣が構成されます。その内閣が実現したいと考える政策が法律案として国会に提出されるわけですから、国会とその多数派である内閣とは、相互に協働的な関係になりがちです。与党が両議院で多数を占めているときは特に、国会はあたかも政権の「下請け機関」のように見えるのは、このためです。2015 年 9 月 17 日、参議院の平和安全法制特別委員会のように、言われるがままに議員が立ったり座ったりして、何が可決したのやらも定かでない、といった事態は、多くの人の目にまさにそう映ったことでしょう。

　しかし、国会は「法律を作る」という、決定的な権限を、憲法によって与えられています。議員には「不逮捕特権」が認められ（憲法第 50 条）、「免責特権」も認められています（同第 51 条）。そして、他院や他の権力から口出しされることなく決めることができる強い「自律性」も認められているのです（同第 55 条、第 58 条など）。決して、単なる「下請け」であってはならないはずなのです。

　では、国会が単なる「下請け」という批判を浴びない存在になるにはどうしたらよいのでしょう。そして、政権が民意を反映しつつ政治をリードしていくようになるには、何が必要なのでしょう。簡単ではありませんが、まず、常に権力が監視され、説明責任を果たすよう求められることが、必須の要件といって間違いないでしょう。人々の目が届かなくなれば、あっという間に権力は腐敗する──だか

らこそ、権力の動きを注視し報道し、批判する表現の自由が大切なのです。

ⅠⅠⅠⅠ**政治に参加することと表現の自由と** ⅠⅠⅠⅠⅠⅠⅠⅠⅠⅠⅠⅠⅠⅠ

　政治への参加は、1票を投ずるその瞬間だけではないことは言うまでもありません。デモクラシーが適切に機能するためには、投票のほかに、いくつものルートが欠かせません。そのキモとなるのが、デモであったり、集会であったり、メディアの働きを通じてであったり、つまり表現の自由の行使です。

　みなさんのまわりにも、デモに行ったことがある人はいませんか。自分で行ったことはなくても、街で、あるいはニュースで、目にしたことがある人は多いでしょう。

　2011年3月11日の東日本大震災、それによって引き起こされた福島第一原発事故を1つのきっかけとして、表現の自由を行使して政治へ参加することが、市民のあいだで活性化しています。コンビニのマルチコピー機で印刷した共通のプラカードを掲げたり、リズムにのったコールをしたり、新たなデモのかたちも現れました。日本の表現の自由にとって、新たな1ページが開かれたのだと言えます。

　歴史をひも解けば、日本に限らず、国家による表現の規制が当然だった時代が長く続き、表現の自由を求める先人たちの闘いの末に、今があります。何かを表現するということは、人間の本質的な欲求に深く結びついています。「ペンは剣よりも強し」というように、表現活動が私たち

の考えや行動に与える影響は大きいからこそ、昔から権力者による抑圧の対象だったのです。

憲法は「集会、結社及び言論、出版その他一切の表現の自由は、これを保障する」(第21条1項)と謳っています。これについて、日本の最高裁がどのように理解しているか、紹介しましょう。最高裁は、表現の自由を楯に、争った側に有利な判断をすることは極めて少ないのですが、表現の自由について、抽象論としては、すこぶる真っ当な議論を展開しているのです。

ある事件の判決では、主権が国民にある国家では、国民が一切の主義主張を表明することができ、その情報を相互にやり取りすることができ、その中から自由な意思で、自己が正当と信ずるものを採用することにより多数意見が形成される、としたうえで、「かかる過程を通じて国政が決定されること」を民主国家の「存立の基礎」としている、と述べました(北方ジャーナル事件・昭和61年6月11日)。

その他にも、人々が、「自由に、さまざまな意見、知識、情報に接し、これを摂取する機会をもつこと」は、個人として自己の思想や人格を形成・発展させ、社会生活に反映させていくうえで欠かせないこととし、「民主主義社会における思想及び情報の自由な伝達、交流の確保という基本的原理を真に実効あるものたらしめるため」に必要だ、と述べました(よど号ハイジャック記事抹消事件・昭和58年6月22日)。

集会についても、現代の民主主義社会において、集会は、国民がさまざまな意見や情報等に接し「自己の思想や人格

を形成、発展させ」、「相互に意見や情報等を伝達、交流する」場として必要であり、「意見を表明するための有効な手段である」、としました。「憲法 21 条 1 項の保障する集会の自由は、民主主義社会における重要な基本的人権の 1 つとして特に尊重されなければならない」としています（成田新法事件・平成 4 年 7 月 1 日）。

　これらの最高裁の判例は、表現の自由について、各人が表現し、その表現を見聞きする者が思索を深め、さらに表現する過程としてとらえています。表現の自由の重要性を、その活動を通じて政治にかかわり、政治に影響を与えるというダイナミックな理解から述べているのです。

　憲法学者で、表現の自由論の大家であった故・奥平康弘先生は、「国民が国政に参与し、有意義な社会生活を営み、文化を享有し、人格を発展させるのに役立つような、そのような情報が、自由に、かつ、ゆたかに流れている状況を作り出し維持することが、表現の自由の役割」と述べています。このことは、上に見たように、最高裁の判例でも共有されているのです。

‖‖‖ 表現と萎縮効果 ‖‖‖‖‖‖‖‖‖‖‖‖‖‖‖‖‖‖‖‖‖‖‖‖‖‖‖‖‖‖‖‖‖‖

　こうした理解は、表現の自由の価値を説得力をもって説明しています。とはいえ、これを実現し、維持することは簡単なことではありません。

　みなさんが本格的に政治に参加しようとして、情報を集めたり、いろいろな集会に出てみたり、あるいは自分の意見を発信してみたりするとき、権力がその 1 つひとつを

監視していると知ったら、どう思いますか？　表現することで不利益をこうむるかもしれないとしたら、どう感じるでしょう？

　誰しも、「怖い」と思うのではないでしょうか。「怖いな」と思って表現を差し控えることを、「萎縮効果」と言います。強権的に振る舞う国家にとっては、自らに批判的な表現や言説は「目の上のたんこぶ」ですから、黙らせるための恫喝（どうかつ）も起きやすいのです。表現の自由は「もろく壊れやすい」のだということに、注意してください。

　2015年の夏、多くの市民が声をあげました。それは表現の自由の価値の実現に大いに貢献するものでした。しかし残念ながら、日本では表現する側の萎縮や自己抑制が進んでいると言わざるを得ません。その分、自由な言論空間が少しずつ、狭くなっているのです。

　「国家の恫喝」を感じ取って表現をためらう人が出てくるのは、それも仕方のないことです（もっとも、メディアは別です。メディアの委縮を「仕方がない」と言うことはできません）。でも、もともと政治的な表現に積極的にかかわる人は、数から言えば少数です。私たちは、仮に自分自身が直接に表現に参加できなくても、権力に批判的な表現が存在することを当たり前のこと、とする「空気」を作ることはできます。そして、自分が耳を傾けたさまざまな情報を用いながら、選挙で1票を投ずることができるのです。表現の自由は、表現をする人だけでなく、受け取る人の努力によっても、維持されるのです。

　「自由に表現すること」が当たり前の社会、それを維持するためには、不断の努力を続けなければあっという間に

「息詰まる社会」になりかねない —— このことを、よく心に留めておいてください。

|||||**不断の努力で守る自由**|||||||||||||||||||||||||||||||||||||||

　立憲主義や議会制民主主義は、いま危機に瀕しており、危険な水域にまで達している、と私は感じています。しかし、私たちにできることは、たくさんあります。何よりも重要な意味を持つのが選挙です。「18 歳選挙権」は当然の権利であり、自ら「良き市民社会」を作ってゆくための、大きなチャンスです。選挙という一瞬だけでなく、表現の自由を実現し守り続けることによっても、政治に影響を与えることができるのです。2015 年夏も、市民の声が野党の国会議員を勇気づけました。

　「この憲法が国民に保障する自由及び権利は、国民の不断の努力によつて、これを保持しなければならない」(憲法第 12 条)のです。自由を保持し続けるため、「良き市民」でありたいと思います。

　　　あおい・みほ　1973 年生まれ。学習院大学大学院法務研究科教授。憲法学。著書に『憲法を守るのは誰か』『国家安全保障基本法批判』、共著に『憲法学の現代的論点』など。

📖 オススメ3冊

トクヴィル『アメリカのデモクラシー　第1巻(下)』岩波文庫
　19世紀フランスの政治思想家が、1831〜32年にジャクソン大統領時代のアメリカを旅し、デモクラシーを論じた書物。民主政治とは何かを考える際に読んでおきたい。

奥平康弘『「表現の自由」を求めて』岩波書店
　2015年に亡くなった憲法学者が描く、アメリカの独立前から現在まで、「表現の自由」の展開史。自由や権利は、自由を求める闘いの末に獲得されるのだと改めて痛感する。

佐藤幸治『立憲主義について』放送大学叢書
　憲法学の大家による「立憲主義」についての書物。古代ギリシャに遡り、今日に至る経緯をたどる。広い、歴史的視野に立って「立憲主義」という考えを学ぶことができる。

議会って何？

———— 大山礼子

|||| 立法府とは |||||||||||||||||||||||||||||||||||||||||||||||||||

　議会って、いったい何をするところでしょう。日本国憲法では、「国民の権利及び義務」の章のすぐ後、「内閣」よりも前に、国の議会である「国会」が登場します。そして、国会について定めている第4章の最初（第41条）には、国会は「国権の最高機関」であり、「唯一の立法機関」であると書いてあります。国会はそんなに重要な機関なのでしょうか。

　「立法機関」とは、国の法律を作るところ（＝立法府）という意味です。たしかに、毎年国会では100件前後の法律案（法案）が可決され、法律が作られています。しかし、国会中継を見ていると、議論はしても、法律を作っているようではありません。

　実は、国会で制定される法律のうち、約8割は内閣提出法案、つまり、内閣が作った原案を国会で承認したものなのです。議員が起草して提出する法案（議員提出法案。議員立法ともいう）のうち、可決されて法律になるのは、毎年20件から多くても30件くらいにすぎません。しかも、国民生活に大きな影響を及ぼすような法律は、ほとん

どが内閣から提出されているのです。これでは、国会を「唯一の立法機関」とは呼べないのではないでしょうか。国会などなくても、内閣が法律を作ればよいのではありませんか。

　ちょっと待ってください。もし、みなさんが国会なんていらない、と思っているとしたら、それは国会の重要な仕事を見落としているからかもしれません。

ⅢⅢ**首相を指名して内閣を作る** ⅢⅢⅢⅢⅢⅢⅢⅢⅢⅢⅢⅢⅢⅢⅢⅢⅢ

　民主主義とは、私たち国民の意思にもとづいて政治が行われ、政策が決定・実行されることを意味します。国民全員で議論して物事を決めるのは無理なので、私たちは自分の代わりに政策決定を担う人を選挙で選ぶことになります。国の政治にかかわる人々のなかで、私たちが選挙できるのは国会議員だけです。国会を「国民代表機関」と呼ぶのはそのためですし、内閣や最高裁判所ではなく国会が「国権の最高機関」だとされるのも、国会が主権者である国民によって選ばれているためです。

　私たちが投票して選んだわけではない内閣総理大臣（首相）やそのほかの大臣たちが、なぜ日本のリーダーのようにふるまうのか、不思議に思ったことはありませんか。それは、国民代表機関である国会が首相を指名しているからなのです。議会によって選ばれた内閣に国の行政をまかせるしくみを「議院内閣制」といいます。議院内閣制を採用している国の議会の一番大きな仕事は、内閣を作り出すことにあるといってもよいくらいです。

国会が内閣を作るときに重要な役割を果たすのが政党です。議員を選ぶ選挙には政党を選択する比例代表制と候補者個人を選ぶ小選挙区制や中選挙区制がありますが、候補者個人に投票する場合でも、その実質は国民の支持を獲得しようと競い合う政党間の競争なのです。というのも、私たち一般の有権者にとって、候補者の人格や政策を細かく知ることはほぼ不可能なので、選挙のときには、政党の公約などをみて、どの政党の候補者がよいかを判断するからです。

　同じ政党に所属する議員は、選挙が終わってからもグループとして行動し、公約の実現をめざします。国会で首相を選挙するときも、議員はそれぞれの政党のリーダーに投票しますから、選挙に勝利し、多数の議席を獲得した政党（または政党連合）のリーダーが首相に選ばれることになります。

　そう考えると、多くの法案が内閣によって準備され、内閣を支持する政党（与党といいます）に所属する議員たちの賛成を得て可決されるのは当然といえるでしょう。首相と内閣は国民に約束した政策を実現していく責任を負っており、そのために行政府職員（公務員）の手を借りて、法案を起草するのです。可決法案の大部分を内閣提出法案が占めるのは日本だけの現象ではなく、議院内閣制であればどこの国でも同じです。

‖‖‖‖ 法案を審議する仕事 ‖‖‖‖‖‖‖‖‖‖‖‖‖‖‖‖‖‖‖‖‖‖‖‖‖‖‖‖‖‖‖

　でも、国会の仕事は内閣を作ればおしまいで、あとは内

閣の提出した法案をただ承認するだけだとしたら、わざわざ国会議員を選挙する必要があるのでしょうか。議院内閣制などという面倒なしくみを使わずに、国民の投票で首相を決めれば、国会は不要になってしまいます。

　もちろん、そんなことはありません。内閣を作るという大きな仕事が終わっても、国会には仕事がたくさんあります。その仕事は大きく2つに分けることができます。

　第1に、重要法案の大部分が内閣から提出されていても、その中身を検討し、必要な場合には修正を加える仕事があります。たしかに、内閣提出法案は国会で過半数の議席を占めている与党議員の賛成によって成立することが多いでしょう。しかし、与党議員全員が法案の内容に100％賛成するとは限りません。国会議員は国民代表であり、直接、国民と接する立場にいるのですから、国民の声を聞いて法案をきちんと検討し、不備や問題があれば修正していく責任があります。これは、広い意味で、「立法」の仕事といえるでしょう。

　国会では、少人数の議員で構成する政策分野別の常任委員会というしくみを設け、まず、そこで法案をじっくり審議してから、議員全員が参加する本会議に進むようにしています。衆議院、参議院それぞれに、農林水産委員会、厚生労働委員会など、17の常任委員会があり、専門的な審議を行います。常任委員会には、法案審議に必要な情報を集めるための調査権が与えられ、関係者や学者の意見を聴くための公聴会を開催することもできます。

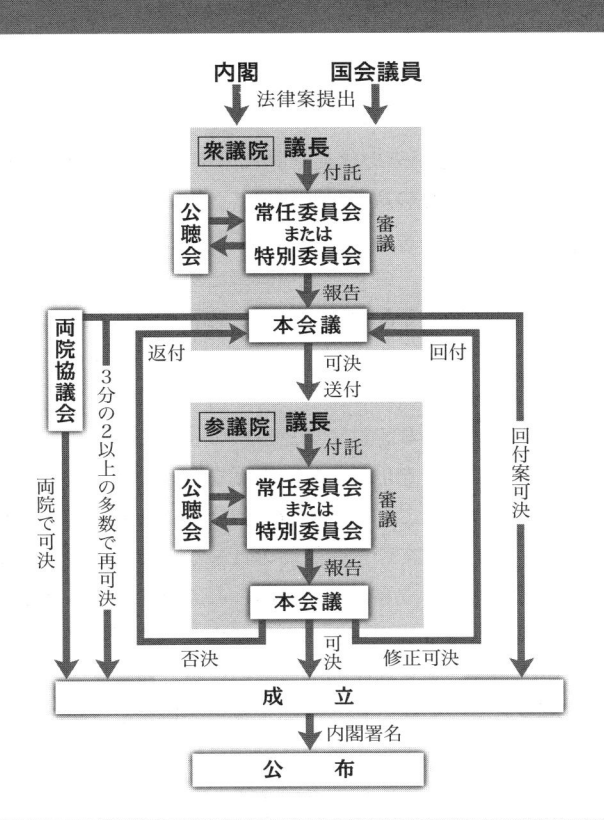

法案審議の流れ
（衆議院先議の場合）

!!!!! 行政府を監督する仕事 !!

第2に、内閣がその任務を果たしているかどうかを監視するのも、国会の重要な仕事です。行政府（内閣と省庁）は、国会が制定した法律の枠組みにしたがい、国民から集めた税金を使って、さまざまな政策を実行しています。国会は、納税者である国民を代表する立場から行政府の仕事を監視し、不公平や無駄遣いをなくすようにしなければなりません。

そのときに大切なのは、野党議員の役割です。野党とは、内閣を支持する与党に対して、内閣を支持せず、批判する立場の政党のことです。行政府の監視は、与党野党を問わず、国民代表としての国会議員の仕事なのですが、与党議員は内閣を支える立場にいるため、あまり強く行政府を批判できないかもしれません。ですから、野党議員が国会のなかで活発に意見を述べ、行政府の仕事ぶりをチェックする必要があるのです。もし内閣が国民の期待を裏切るようなことがあれば、次の選挙では野党に投票する人が増え、政権交代が起きる可能性もあります。

参議院にも大きな役割が期待されます。首相を選ぶ際に、衆議院と参議院で意見が一致しなければ衆議院の意見が優先されるなど、参議院は首相や内閣からは少し遠い存在です。そのため、かえって公平で客観的な立場から、行政府に対するチェック機能を発揮できるからです。

‖‖‖**国会議員は働いているか** ‖‖‖‖‖‖‖‖‖‖‖‖‖‖‖‖‖‖‖‖‖‖‖‖‖‖

　最近、日本の政党の多くが、国会議員定数の削減を公約に掲げています。国民のなかにも、もっと議員を減らすべきだと考える人が多くなっているようです。その原因は、国会がその役割を果たしていないこと、つまり、法案審議や行政監視が不十分なことにあるのかもしれません。しかし、国の政治の担当者のうち、私たちが選べるのは国会議員だけなのですから、議員の人数を減らすと国民の声を政治に反映させるルートがそれだけ細く、弱くなってしまいます。日本の人口当たりの国会議員数は、現在でもほかの国にくらべると少ないほうです。国会議員がやるべき仕事をしていないと思うのであれば、議員を減らすより、議員にしっかり仕事をさせるにはどうすればよいかを考えたほうがよさそうです。

　それには、国会議員の仕事ぶりに関心を持つ必要があります。行政府の仕事を監視する責任が首相を選んだ国会にあるとすれば、その国会の仕事を監視するのは議員を選んだ私たちの役目だからです。

　まずは、選挙に行って、私たちの代表としてふさわしい人々を選ぶことです。投票したい政党や候補者がない、と思う人もいるかもしれませんが、少しでも共感できる政党の候補者に投票することからはじめましょう。ただし、選挙の結果、だれが当選するか、どの政党がどれだけ議席を獲得するかは、選挙制度によって大きく変化します。現在も衆議院と参議院の選挙制度には違いがあります。

　選挙は私たちの代表を選ぶ重要な手続きですから、私た

ち自身の問題として、どんな選挙制度がよいかを考えてい
かなければなりません（「選挙って何だ？」の項参照）。ま
た、現在の国会議員には若者や女性が少なく、とくに衆議
院の女性議員比率は1割未満、世界190カ国中の154
位という低さです（2016年2月1日現在）。多様な人材
を国会に送るための選挙制度のあり方も検討すべきでしょ
う。

‖‖‖ 私たちの声を届けること ‖‖‖‖‖‖‖‖‖‖‖‖‖‖‖‖‖‖‖‖‖‖‖‖‖‖‖

　そして、私たちの仕事は、選挙に行って投票することだ
けでは終わりません（「選挙だけじゃない！　政治参加！」
の項参照）。自分たちが選んだ議員がしっかり仕事をして
いるかどうかをチェックし、おかしいと思ったら要望を伝
えましょう。国会議員のほうも、自分を選んでくれた国民
がどんなことを考えているのか知りたいと思っています。
　同じことは、地方議会（都道府県および市区町村の議会）
の議員にもいえます。地方自治体の行政の長（都道府県知
事と市区町村長。まとめて「首長」ともいいます）は、議
会で選ばれるのではなく、直接、住民によって選挙されて
います。それでも、たった一人の長が住民の多様な意見を
すべて代表することはできませんから、私たちの意見を自
治体の行政に反映させるためには議員にがんばってもらわ
なければなりません。
　外国では国の議会よりも地方議会のほうが住民の信頼が
高く、選挙での投票率も高いのがふつうですが、日本の地
方議会選挙の投票率は低下を続け、最近では3割を切る

ことさえあります。みなさんも、国会は大切だけれど、地方議会はそれほどでもないと思っているかもしれません。しかし、福祉や教育など、身近な行政を担っているのは地方自治体なので、地方分権が進むと、住民代表である議員の役割はますます重要になります。私たちもどのような人を地方議会に送るのかを真剣に考える必要があるでしょう。

おおやま・れいこ　1954 年生まれ。駒澤大学法学部教授。政治制度論。著書に『比較議会政治論』『日本の国会』『フランスの政治制度』など。

📖 オススメ 3 冊

J. S. ミル『代議制統治論』岩波文庫
　150 年以上前の本ですが、その議論は今でも新鮮で示唆的。

三浦まり『私たちの声を議会へ』岩波書店
　現代日本の状況を見据えて、議会政治再生の道を探る。

大山礼子『日本の国会』岩波新書
　国会をどのように改革すべきか、具体的に考えたい人へ。

選挙って何だ？

———————— 坂井豊貴

IIIII **代表民主制** IIIIIIIIIIIIIIIIIIIIIIIIIIIIIIIIIIIIIIIIIIIIIIIIIIIIIIIIIIIIIIII

　選挙が公示されると、候補者の名前を連呼する選挙カーが街のなかを行き交います。車の上に設置された屋外用スピーカーから、アピールの声が鳴り響いてくる。家のポストには候補者のビラが入ります。その人の政策や思想信条、略歴などが書かれている。街角には大きな掲示板が立てられ、候補者たちのポスターが貼られます。

　そうして投票日がおとずれ、有権者は（棄権しないかぎり）投票所に足を運びます。多くの場合、当日の午後8時ごろ開票が始まり、夜間には結果が確定します。

　そのようなことが、何年かに1回ある。より正確にいうと、国会議員を選ぶ衆院選や参院選、および地方自治体の首長や議員を選ぶ地方選が、それぞれ何年かに1回あります。

　ではそれは、一体何をやっているのでしょうか。政治家を選んでいるというのはわかります。しかしそれは何を選んでいることになるのか。選挙とは何をするもので、何ができるのか。むろんこの問いは何ができないのかという問いかけをも含んでいます。

国民が選挙で政治家を選び、彼らに政治の仕事を引き受けてもらう。代表たる政治家の権力が、主権者たる国民に由来することから、こうした政治制度を代表民主制といいます。現在、いわゆる民主主義の国家は、何らかの形の代表民主制を採用するのが通常です。

　すべての政策をすべての国民で決めていく直接民主制の政治制度も考えられます。しかしそれは手間も時間も多量にかかりますし、参加者が多すぎると話をまとめるのは大変です。分業の効率性と制度の実用可能性を考えると、代表民主制はそれなりによくできている、ように思えもします。

IIIII 多を一に集約する IIIIIIIIIIIIIIIIIIIIIIIIIIIIIIIIIIIIIIIIIIIIII

　民主主義には多様な考えがありますが、その根本理念は「被治者と統治者の同一性」です。これは要するに、自分たちで自分たちのことを決めていくことです。

　自分たちで決める以上、あまり酷いことにはならないだろう。ときに間違いを犯しても、そこから学んで次に生かせるだろう、といった期待がそこにはあります。

　とはいえ難しいのは「自分たち」という複数性です。「自分だけ」という単数なら、自分で勝手に決めればいい。しかし自分たちという複数ならそうはいきません。満場一致は理想的ですが、どれだけ丁寧な合意形成に努めてみても、それが実現するとは限りません。最終的には多様な意見から1つの結論を確定させる制度、多を一に集約する仕組みが必要です。具体的には多数決の投票、選挙です。

|||||| 多数決と民主主義 |||||||||||||||||||||||||||||||||||||||||||||

　「多数決イコール民主主義なのか」といった問いがあり
ますが、これは問いの立て方が正しくありません。多数決
は最多票を獲得した選択肢が勝利する決め方なので、制度
です。一方、民主主義は主義というくらいだから理念でし
ょう。制度と理念はそもそも別次元のものなので、両者の
あいだにイコールは成立しようがありません。私たちが問
うべきは、多数決という制度は民主主義の理念を実現する
のに適しているかです。

　多数決への一番わかりやすい批判は、少数派も大事にせ
よ、です。その批判の背後には、多数決は多数派を大事に
するはずだという前提が置かれています。多数派だけを大
事にしてはならない、というのが少数派を大事にせよとの
主張がいわんとすることです。

　しかし多数決は本当に多数派を大事にするのでしょうか。

　2000年のアメリカ大統領選挙を例に考えてみましょう。
アメリカの政治形態は二大政党制で、4年に1度の大統
領選では、民主党と共和党が激しい争いを繰り広げます。
その年に二大政党が擁立する候補は、民主党はゴア、共和
党はブッシュでした。当初の世論調査ではゴアが優勢でし
た。

　ところがそこへ「第3の候補」として弁護士の社会活
動家ネーダーが参戦します。彼は勝つ見込みのない泡沫候
補ですが、絶妙にゴアの票を喰いました。それによりゴア
とネーダーで票の割れが起こり、最終的にブッシュが漁夫
の利を得て勝利を収めます。

ゴアは、対ブッシュでも対ネーダーでも多数派の支持を得られたはずですが、多数決で敗北したわけです。

　こうした票の割れ問題を回避する、多数決の改善案や代替案はいくつもあります。最も単純な改善案は、決選投票を付けることです。自民党や民主党の党首選、フランスの大統領選では、そのような決選投票付き多数決を用いています。

　決選投票を付けるだけでも、現行の多数決からはそれなりの改善になります。ただし、それは多数決を2回するだけであり、多数決を抜本的に改善するわけではありません。

　例えばいま多数いる候補のなかで、「すべての有権者から2番目に支持される候補」を考えてみましょう。彼は特定層への配慮をしないし、奇抜なことを言って目立とうとしないが、すべての有権者から一定の信頼を得ている。多数派のためではなく万人のための民主主義、の考えに馴染む候補といってよいでしょう。しかし彼は多数決で1票も得られません。投票用紙に「2番」を書く欄がないからです。

　多数決のもとでは「フォー・オール」な候補は勝ちにくい。これは票の割れとはまた別の、多数決の問題点です。そもそも「自分たち」の決定を行うために、多数決を用いるはずだったのです。しかしその制度のもとだと特定層配慮やバッシングなど、「自分たち」を壊して社会的分断を煽ることが当選に有利に働いてしまう。これでは本末転倒です。

　では多数決の代替案には何があるのか。1つの有力案が

ボルダルール、「1 位に 3 点、2 位に 2 点、3 位に 1 点」のように、順位に配点する方式です。

　ボルダルールだと有権者は 1 位だけでなく 2 位や 3 位も表明できるので、票の割れが起こりません。そして選挙で勝つためには広い層からの加点が必要なので、フォー・オールの候補が勝ちやすくなります。

　ボルダルールが完璧だと言っているわけではありません。しかし満場一致が成り立たない時点で、すべての人を完全に満足させることはできないわけです。完璧なものがないから困っている。そこでボルダルールは次善の策として有効だということです。

||||| 選挙結果は民意と呼べるか ||||||||||||||||||||||||||||||

　特定の政策を強引に推し進めたい政治家のなかには「選挙で勝った自分の考えが民意」といった発言をする人もいます。しかし選挙にそこまで「民意」なるものを明らかにする機能があるのでしょうか。

　もちろん有権者がある政治家を支持するからといって、その人や所属政党の政策すべてを支持するわけではありません。しかしそのうえで、選挙で勝った政治家には、一定の裁量が与えられています。ここで考えておきたいのは、その裁量を思うがまま振るうことの妥当性です。

　例として、5 人の有権者と、3 つの政策テーマ「金融、外交、原発」が争点の選挙を考えてみましょう。政党は Aと B の 2 つです。ここで各有権者は次ページの図表のように各政党の政策を支持するものとします。

<table>
<tr><td colspan="5">オストロゴルスキーの逆理</td></tr>
</table>

有権者	金 融	外 交	原 発	支持政党
1	A	A	B	A
2	A	B	A	A
3	B	A	A	A
4	B	B	B	B
5	B	B	B	B
多数決	B	B	B	A

　各有権者は３つの政策テーマを同程度に重視しており、総合評価による各自の支持政党は図表の通りとします。例えば有権者１は、金融と外交は政党Ａを支持するけれど、原発については政党Ｂを支持し、総合評価としては政党Ａを支持します。

　では選挙結果はどうなるのか。過半数である有権者１と２と３は、政党Ａを支持します。それゆえ両政党が擁立する候補者へ選挙を行うと、これら３人の支持により政党Ａが勝利します。

　しかしどの政策テーマにおいても、Ａの政策は過半数の支持を得ていません。かりに政策へ選挙を行っていれば、すべてＢの政策が勝つことになります。これをオストロゴルスキーの逆理といいます。選挙が政策の抱き合わせ販売になっているから、こうした奇妙な逆転現象が起こります。

　選挙の勝者であっても、ただ１つの政策さえ過半数から支持されていない、ということが論理的にありえるわけです。オストロゴルスキーの逆理はあくまで１つの反例ですが、政治家を選ぶことが、いかに政策を選ぶことと違うか、その乖離のありさまを鮮明な形で表したものです。

こうなると選挙の当選者が安易に「民意」を自称するのは適切といえません。

　ところで有権者は政党の政策をどうやって知るのでしょう。知るための媒体にはテレビや新聞、インターネットなどがありますが、大もとの情報となるのは政党の政策集です。日本では政党が政策集を発表するのが 2000 年代以降に広まっており、それはマニフェストとも呼ばれています。マニフェストは何十ページもあるのが通常で、さまざまな政策テーマについて基本方針が記されています。とはいえそこで扱われている政策テーマのすべてが選挙で注目されるわけではありません。

　オストロゴルスキーの逆理では争点となる政策テーマが 3 つでしたが、実際の選挙では、3 つの争点さえ上がらず、ただ 1 つのみが争点化されることがあります。それが最も顕著だったのは 2005 年の衆院選です。このとき自民党の小泉総理は郵政民営化への信を問うといって衆議院を解散、現職の自民党議員でも反対者へは対抗馬を立て、選挙に圧勝したのでした。

　しかし国会議員を選ぶのは、特定の政策を選ぶことではありません。憲法第 41 条が国会を唯一の立法機関と定めているように、国会議員の主たる役割は、国会でさまざまな法律を制定する（しない）ことです。

　争点の明確化というと聞こえはよいかもしれません。確かにそれにより有権者は投票の判断をしやすくなります。しかしそれはテストの問題を簡単なものにすり替えたら解けるようになったのと同様で、解くべき問題が解けるようになったわけではありません。

そして国会議員が公約を守ることには、道義的な義務はあるとしても、法的な義務まではありません。自立した存在として、法律の制定に対して熟慮することが期待されています。

　1995年の参院選では愛知県から末広まきこ氏が、愛知万博の中止を公約として出馬し、当選しました。しかし彼女はその後に立場を一転、愛知万博を推進する自民党に入党します。当時の後援会長はその変節を苦痛とし、末広氏に訴訟を起こしますが、敗訴しました。敗訴の理由の1つは、公約は、特定の国民との法的な委任関係を結ぶものではないということでした。

|||||| 憲法と選挙 ||||||||||||||||||||||||||||||||||||||||||||||||||||

　そうした独立性を認められている国会議員たちが、唯一の立法機関たる国会を構成します。それ以外のいかなる集団も、かりに日本にいるすべての有権者の署名を集めても、法律を制定することはできません。立法権は国会にのみ置かれているからです。そして国会での法案採決は多数決により行われます。

　考えてみると、これはなかなか怖いことです。特定の少数派を抑圧する法律、どこかの地域に著しい不利益を与える法律、あるいは与党を支持する団体にのみ有利な法律などが、制定されるかもしれません。そしてまた、国民が望まない形に国家の重要事項を変更する法律が、制定されるかもしれません。

　そうした事態を避けるためには、あらかじめ防波堤を立

てておくのが賢明です。具体的には憲法で、人権を保障し、また権力を分立させることで、立法権の濫用を抑えます。そして人権保障と権力分立が大切だという考えを、立憲主義といいます。

　日本では 1993 年の政治改革で小選挙区制が導入されました。その後も制度の変更が進むたびに、全体的な「小選挙区化」が起こっています。そしてその結果、①国会の少数派支配が可能となり、②また改憲のハードルが下がっています。

　まずは①について。政党には執行部があります。執行部は選挙での公認権を握っています。執行部にたてつくと次の選挙では公認しないぞと、所属議員を脅すことができます。小選挙区制の選挙だと、各区で 1 名しか当選しないので、有力政党のラベルが無いのは当選にきわめて不利です。国会で過半数の議席を有する党の執行部は、人数としては少数ですが、国会全体の結論を決定できます。

　次に②について。小選挙区制の割合が高い衆院選では「地滑り的勝利」が頻発し、40% 台の得票率で 70% を超す議席を獲得するのが常態化しています。憲法改正には衆参両院で 2/3 以上、その後の国民投票で過半数の賛成が必要です（憲法第 96 条）。かつての中選挙区制のもとでは、「2/3 条件」は実現不可能なほど高いものと思われていましたが、選挙制度の変更を通じて、その条件の成立が現実的になっています。いまはもう高すぎるハードルではありません。

衆議院議員総選挙での投票

小選挙区選挙

全国295の選挙区ごとに行われ、有権者は候補者名を記載して投票します。

当	○川○太	10万票
	○田○江	8万票
	○山○男	3万票
	○木○子	1万票

得票数の最も多い候補者が当選人となります。

比例代表選挙

全国11の選挙区（ブロック）ごとに行われ、有権者は政党名を記載して投票します。

○○党 400万票	△△党 300万票
当 ○田○江	当 ○中○治
当 ○川○夫	当 ○永○樹
当 ○山○郎	○崎○太
○木○代	○水○夫
（3人当選）	（2人当選）

政党の得票数に基づいてドント式*により各政党の当選人の数が決まります。

どうやって 投票する？

総務省ホームページ「なるほど！ 選挙」より

参議院議員通常選挙での投票

選挙区選挙

原則、都道府県の区域（鳥取・島根、徳島・高知はそれぞれ2県の区域）で行われ、有権者は当選させたい候補者名を記載して投票します。

当	○山○美	20万票
	○野○郎	15万票
	○川○子	12万票
	○木○太	10万票

各選挙区の当選人の数に合わせて、得票数の最も多い候補者から順次当選人が決まります。

比例代表選挙

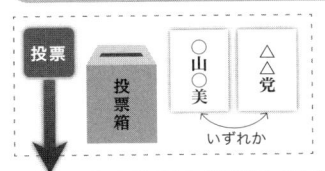

全国を単位に行われ、有権者は当選させたい候補者名または政党名のいずれかを記載して投票します。

政党の総得票数は、候補者個人の得票と政党の得票を合算したものとなります。

○○党 400万票			△△党 300万票	
当 ○田○江 120万票			**当** ○中○治 90万票	
当 ○川○夫 100万票			**当** ○永○樹 70万票	
当 ○山○郎 80万票			○崎○太 50万票	
○木○代 60万票			○水○夫 30万票	
政党名の投票 40万票			政党名の投票 60万票	
（3人当選）			（2人当選）	

政党の獲得票数に基づいてドント式*により各政党の当選人の数が決まり、得票数の最も多い候補者から順次当選人が決まります。

*「ドント式」とは、比例代表制の選挙で採用されている議席の配分方式です。各政党の得票数を1、2、3、……の順に整数で割り、答えの大きい順に、定数に達するまで議席を与えていきます。19世紀にベルギーの法律学者V.ドントが考案した方式で、日本では1983年の参議院議員選挙から導入されました。

　憲法違反の疑いが強い法律が制定されたら、どうすればよいのでしょうか。次の選挙を待つしかないのか、あるいは最高裁判所が何年もかけて違憲の判決を下すのを待つしかないのでしょうか。

　最高裁判所の長官を指名するのは内閣です。そして最高裁判所が、ある法律を違憲と判断しても、その法律は無効となるわけではありません。国権の最高機関であり、唯一の立法機関とされる国会が、その法律を廃止するまでは残り続けます。実際、1973年に違憲と判断された尊属殺人の規定は、1995年まで放置されたままでした（ただしこの間に検察はその規定を適用せず）。

　もちろんこれをもって、日本には憲法を守らせるためのルールが足りないのだ、と指摘することはできます。しかしそのうえで、ルールを守ること自体は、ルールでは基礎付けられません（ルールを守るルールは、ルールである）。最終的には、それを尊重する文化、慣習がなければ、憲法といえどもそれは単なる空文、紙の上のインク以上のものにはなりません。それらは選挙だけで支えられるものではなく、言論やデモなど、何らかの形で声を上げて世論に加わること、あるいはそれを支援することが必要になります。

　日本で初めて選挙が行われたのは大日本帝国憲法が発布された翌年の1890年、そのときは高所得で25歳以上の男子しか選挙権がありませんでした。その後、大正デモクラシーを経て1925年に、所得に関係なく、25歳以上の男子が選挙権を持つようになります。敗戦し、日本国憲法

が公布される前年の 1945 年になって、所得や性別に関係なく、すべての 20 歳以上の国民が選挙権を持てるようになりました。そして 2016 年にその年齢が、18 歳へと引き下げられます。

　選挙がある社会は、選挙によって実現したわけではなく、また選挙のみによって維持できるものではありません。

さかい・とよたか　1975 年生まれ。慶應義塾大学経済学部教授。専門は、社会的選択理論。著書に『多数決を疑う 社会的選択理論とは何か』『社会的選択理論への招待』など。

📖 オススメ 3 冊

坂井豊貴『多数決を疑う　社会的選択理論とは何か』岩波新書
　ボルダルールだけでなく、多数決以外にも投票の方式にはいろいろなものがある。どれが優れているかの数理的な分析を平易に紹介。

砂原庸介『民主主義の条件』東洋経済新報社
　選挙を通じて有権者の意思を政治に伝えるには、政党の存在が不可欠だ。納得のいく政党政治はどう実現するかを鋭く考察。

川人貞史・吉野孝・平野浩・加藤淳子『現代の政党と選挙(新版)』有斐閣アルマ
　政党と選挙を抜きに現代の民主制は語れない。日本の政党と選挙を、歴史的経緯、政治理論、国際比較を交えて説明。

選挙だけじゃない！
政治参加！

———— 中野晃一

‖‖‖ 選挙と政党 ‖‖‖‖‖‖‖‖‖‖‖‖‖‖‖‖‖‖‖‖‖‖‖‖‖‖‖‖‖‖‖‖‖‖‖‖‖‖

　私たち主権者にとって、選挙を通じて政治参加することはきわめて重要です。選挙の結果、私たちの選んだ代表が議会のなかで多数派を形成し政権についたら、私たちの求める政策を実施することが可能になります。また少数派に終わったとしても、議会での討論や審議を通じて、政府の政策や法案の問題点を明らかにし、その修正や廃案を迫っていくことができます。

　こうして私たちの声を政策過程に反映させていく際に欠かせない役割を果たしているのが、政党です。

　1人ひとりの候補がばらばらに選挙活動をしたり、当選後も単独で立法過程に参加したりするのではなく、政党をつくることで、政治理念や政策目標を共有する人々が一緒に集まることになります。政党は、多種多様な意見や利害を取りまとめ、選挙の際には主要な争点を明らかにし、議会では会派として共同行動を取ります。いわば議論や議決の交通整理を行うのです。

‖‖‖‖ **政党システムと政官関係** ‖‖‖‖‖‖‖‖‖‖‖‖‖‖‖‖‖‖‖‖‖‖‖‖‖‖‖

　他方、party（part つまり部分）という名が示すように、いくら考えを集約する役割を果たすといっても、それぞれの政党は社会の一部を代表するにすぎません。全体としては複数の政党が存在し政党システムを成し、政党政治が行われます。つまり政党について考えるとき、同時に、政党間の関係を考える必要があります。

　さらには、有権者に選出されて形づくられる政党システムや議会も、それだけで存在するものではありません。国家の統治機構には、私たちが選ぶことのできない部分もあります。とりわけ行政府の官僚制と政党政治の関係が、民主主義の発展を大きく条件づけることを無視することはできません。

　イギリスやアメリカでは、政党政治（選出部分）の発展が近代的な官僚制（非選出部分）の整備より先に起きました。そこでは現在に至るまで、総じて政治家が官僚をコントロールする度合いが高い傾向が見られます。

　たとえばイギリスでは、総選挙で勝利した政党がマニフェスト（選挙公約）で掲げた政策を遂行できるように努めることが官僚の任務と広く理解されています。アメリカでは、猟官制（スポイルズ・システム）の名残として、新大統領就任のたびに入れ替わる膨大な数の政治任用ポストが連邦政府のなかに存在しています。

　これに対して、イギリスやアメリカなどより遅れて近代化の過程に参加した日本はどうでしょうか。

　中央集権を果たしたエリート国家官僚が主導して、前近代的な価値体系と権力秩序の保持を図りつつ、物質的また技術的な近代化が推し進められました。「和魂洋才」、あるいは「王政復古」によって「明治維新」を遂行するという矛盾をはらんだ変革です。そのまさに中核にあったのが、国家官僚制だったわけです。

　「天皇の官吏」からなる国家が、価値や知識、技術のなかば独占的な源泉としてその権威をほしいままにし、市民社会や政党政治を従属させる。これが、「官尊民卑」と言われた近代日本の根づよい特徴です。なお西洋でもフランスは、今日に至るまでエリート官僚の政党への影響力と浸透度がきわめて高いことで知られています。絶対王政からフランス革命を経てナポレオン帝政期にかけて、強大な近代国家官僚制の基礎作りが政党政治の発展に先んじて行われた結果です。

　さて、日本の議会政治と民主主義の歴史を振り返ってみましょう。すると、政党間の競争が、公正で開かれた条件のもとで行われてきたとは言いがたいことが浮かび上がってきます。

　1890 年に第 1 回衆議院議員選挙が実施され、帝国議会が召集されました。その際、自由民権運動諸派が自らを「民党」と呼び、それに対して政府に宥和的な政党を「吏党」つまり官吏の党と呼んだことは象徴的です。その「民

党」の中核をなした自由党も、1900 年に伊藤博文を初代総裁として結党した立憲政友会に合流しました。その後、大正デモクラシー期の政党内閣においても、また普通選挙が実現してからも、軍人を含む官僚出身者が政権の中枢を構成しつづけたのでした。

‖‖‖55 年体制と「万年与党」「万年野党」‖‖‖‖‖‖‖‖‖‖‖

　戦後の占領期改革によって、日本の非軍事化と民主化が推し進められました。日本共産党の合法化、労働運動の奨励、婦人参政権の実現などのかたわら、数多くの戦争指導者が公職追放（パージ）され、そのなかには軍人だけでなく少なからぬ数の政治家も含まれていました。

　そのことによって生まれた空白を埋めるように、とりわけ大蔵省（現財務省）や通商産業省（現経済産業省）などの経済官庁から、多くの官僚が主に保守（右派）政党の議員や大臣に転じました。

　やがて冷戦期になると、革新（左派）陣営では日本社会党が再統一し、そして保守合同によって自由民主党が結党されます。55 年体制と呼ばれる保革対立構図の完成です。そして自民党は、官僚制と直結するかたちで政権基盤を磐石に固め、1993 年まで世界的にも珍しい一党長期政権を維持することに成功しました。この間の 15 名の総理大臣のうち約半数の 7 名が官僚出身者で、その在任期間を足すと、38 年におよぶ自民党政権期の 3 分の 2 を超える計算になります。

　一党優位支配の確立へといたる転機がありました。それ

は、60 年安保で岸信介首相が退陣に追い込まれ、後継の池田勇人首相以後の政権が、官主導の経済成長路線へと舵を切ったことでした。結果的には、社会党が率いる革新陣営が政権交代を成し遂げることはありませんでしたが、有権者の支持を得られない再軍備や憲法改正をむやみに追求すると、選挙を通じてお灸を据えられてしまうことが、自民党の政策転換を強いたと言えます。

　逆の言い方をすれば、経済官庁を中心とした官僚制と直結した戦後版「吏党」となることによって、自民党は万年与党と呼ばれるようになるほどの長期支配を我がものとすることができたのでした。他方、革新陣営を率いた社会党は、次第に万年野党の座に甘んじ、そのなかで「反国家」「反権力」的な傾向を強めていきました。

‖‖‖‖ 高度経済成長と「中道」‖‖‖‖‖‖‖‖‖‖‖‖‖‖‖‖‖‖‖‖‖‖‖‖‖‖‖‖‖‖

　経済運営に専心したことが自民党の長期政権を可能にしました。しかし、国論を二分するような外交・安全保障政策や憲法の問題を棚上げしたからといって、それは必ずしも平坦な道というわけではありませんでした。

　高度経済成長は急速な都市化や工業化をもたらしました。劣悪な住環境や公害などの新しい問題への対応が遅れた自民党は、とりわけ都市部で支持を失いはじめたのです。代わって、1960 年代から、社会党や共産党などの後押しを受けた革新首長が、福祉や環境政策を売り物に大都市圏を中心に次々と誕生しました。1970 年代には国政においても、保革伯仲と言われるほどに与野党間の議席数の差が縮

まっていきました。

　にもかかわらず、自民党はこの危機を乗り越えました。その要因として、以下の2つがあげられます。

　1つは、中選挙区制を背景にした野党の多党化傾向と「中道」の誕生です。都市部で議席を減らしていたのは、自民党だけでなく、民社党、公明党、共産党などと競合することを余儀なくされた社会党も同じでした。合計としては野党陣営の議席数が与党に近づいていたとしても、野党は一枚岩とはとうてい言えない状況にありました。

　その最大の理由が「中道」です。社共共闘の成功に公明党や民社党が反発したのと同時に、自民党も国会運営を安定化させる必要から両党への働きかけを進め、さらには1970年代後半に結成された新自由クラブや社民連と合わせて「中道」が形成された結果、従来2極化傾向の強かった保革対立構図の変容が始まったのです。こうして1980年代には「自公民」路線対「社公民」路線というように、むしろ中道をめぐって保革両陣営が競うようになり、共産党が排除されるかたちで革新陣営の分断が進みました。

　もう1つは、革新自治体に対する官僚制からの横槍ともいうべき動きです。そもそも地方分権に敵対的な態度をとる中央官庁は、革新首長による政策的なイニシアティヴに対して財政や行政手続きなどさまざまな面で非協力的な介入を繰り返しました。そして「中央との太いパイプ」や「行政手腕」を売り物に、保革中道候補、あるいは共産党を除く保革相乗り候補を多く供給し、革新自治体の切り崩しに成功したのです。

　ちなみに日本と同様に官僚制が強力なフランスにおいて

も、同時期に革新自治体の誕生が政治を賑わせました。ついには 1981 年に社会党の大統領のもと、共産党との連立で政権を獲得することに成功しました。フランスの場合、日本と異なり官僚が保守政党のみならず革新政党にも浸透しており、また中道政党が革新陣営を分断することもなかったことなどが、決定的な差につながりました。

|||||政党政治の流動化|||||||||||||||||||||||||||||||||||||||||||

　55 年体制は、冷戦末期の 1980 年代後半から大きく動揺しはじめ、1993 年に最終的な崩壊に至りました。しかしそれは、社会党が自民党を凌駕する力をつけたからではなく、「カネ」で何とかあがなってきた長期政権がついに内部分裂を起こしてしまったからでした。むしろこの時期、多様化する豊かな社会の支持をつかみきれず、従来の組織票の動員に依存する選挙の限界に直面していたのは、自民党も社会党も同じでした。

　政党は、各種業界への補助金や選挙区への公共事業の予算配分などの積み重ねによる財政支出の増大という公的なカネの流れに支えられていたのです。しかしこれは膨大な財政赤字の累積という問題を引き起こしました。

　もう 1 つには「政官業の癒着」と言われたように、公的なカネの流れは多くの場合、私的なカネの流れを伴っていました。このため政治腐敗の問題が時折露見しては政権の危機を招くということが繰り返されました。

　こうしたなか保守陣営で始まったのが、新自由主義転換です。冷戦末期の自由を渇望し称揚するムードを背景に、

「改革」の時代に突入したとも言えます。カネに依存する政治のあり方を政治改革や行政改革によって改めていこうという言説が、浮動票を多く含む都市中間層にアピールすることが発見されたのです。ここでのロジックは、主権者をいわば「お客さま」になぞらえるものです。企業が商品やサービスを競い合うように、政党は政策を競い合うものとされました。この議論はのちに 1994 年の小選挙区制導入へとつながっていきます。

　新自由主義改革は、従来の自民党のあり方を大きく揺るがすものであった以上に、社会党を窮地に立たせるものでした。長年の野党経験から「反国家」「反権力」傾向が染みついていた社会党は、腐敗し硬直化した 55 年体制を積極的に変えていく政策を自ら率先して提示することができず、守勢に回るほかなかったのです。さらには国鉄などの民営化によって、社会党の有力な支持基盤であった労働運動の弱体化が加速しました。その結果、1990 年代の政界再編のなかで社会党は急速に失速していきました。

　55 年体制の終盤から、政党政治は実に流動的でめまぐるしい変化を見せました。1983 年の衆議院選挙で、自民党は当選した公認候補だけでは単独過半数割れを起こし、新自由クラブとの連立を余儀なくされました。次の 1986 年衆参同日選挙では戦後最多議席を獲得する圧勝を遂げ、新自由クラブを事実上吸収。ところが 1989 年の参議院選挙では社会党に歴史的大敗を喫し、戦後初めて過半数を失います（いわゆる「ねじれ国会」の発生）。ついに 1993 年には自民党の下野と非自民・非共産の 7 党連立政権の誕生により、38 年つづいた 55 年体制が終わりを迎えた

のでした。

　きわめつきは、1994 年に自民党が社会党委員長を首相に担いで政権復帰を果たしたことです。自社さ（自民党・社会党・新党さきがけ）連立政権という、およそ 55 年体制では夢想だにできない政権枠組みの成立でした。

　実際、慌ただしい政界再編と連立枠組みの変化のなかで、今日までつづく投票率の長期低迷が始まったことも指摘しておかなくてはなりません。主権者に政権選択の自由を与えることを標榜した小選挙区制の導入が、現実には、多くの人々が投票に行く意味を見いだせなくなるという政党政治の混乱をもたらしたのです。

‖‖‖ 二大政党制への挑戦 ‖‖‖‖‖‖‖‖‖‖‖‖‖‖‖‖‖‖‖‖‖‖‖‖‖‖‖‖‖‖

　自社さ連立の枠組みで政権に這いもどった自民党は、1990 年代後半には自公連立へとシフトすることによってより安定的な政権基盤の形成をめざしました。カネに依存する支持の調達の限界がいよいよ明らかになるなか、ナショナリズムやヘイト、バッシングといった、いわば「キブン」を煽る動員手法へと重点を移していきました。

　その背景には民主党の存在があります。中道保守から革新系まで包摂した民主党が最大野党として姿を現してくるなかで、その矛盾や不一致を突こうと、ことさらに右寄りの争点を選び、自民党自らも右傾化していったのです。

　もともと 1993 年に自民党が下野した際、分裂した「改革」派には 2 つの異なる潮流がありました。1 つは、強権的な新自由主義的志向を示していた小沢一郎が主導し

公明党や民社党などを飲み込んでいった新生党・新進党の流れです。もう1つは、よりリベラルな改革勢力としての新党さきがけでした。自社さ政権が終わりを迎えるなかで、まずは自民党と新進党の双方に対峙するリベラル左派政党として、1996年に新党さきがけと社会党の多数を糾合した民主党が生まれ、さらには新進党解党後の1998年に小沢の自由党と袂を分かった中道保守系と旧民社党系が加わり、再出発していたのでした。1996年の衆議院選挙より小選挙区制が実際に用いられていたので、二大政党制へ向かう強い圧力が働きはじめましたが、それは政党システムを全体として右寄りに押しやるかたちで作用していました。

　旧来のカネに依存した自民党統治の破綻がいよいよ隠しようもなくなったときに政権についたのが、小泉純一郎です。小泉は、キブンを煽る劇場型政治をフルに展開しつつ、新自由主義的な構造改革路線へと大きく舵を切り、民主党や自由党など野党が掲げてきた「改革」の旗印を奪ってしまいました。お株を奪われた民主・自由両党は一転窮地に立たされ、2003年に民由合併に踏みきります。こうして1993年に自民党を割ってでた2つの流れがようやく一緒になり、旧社会党系と旧民社党系と一緒になった民主党として、二大政党制の一角を占めることになりました。2009年にはついに歴史的な政権交代が実現しました。

‖‖‖‖「政権党交代」と二大政党制の失敗 ‖‖‖‖‖‖‖‖‖‖‖‖‖‖‖

　こうしてリベラル左派から中道保守までが結集し、民主

党は成長したのですが、小泉自民党が「改革」路線に前のめりになったことによって、かえって「国民の生活が第一。」という生活保守主義的なくくりで政策的な統一性を一定程度見出すことに成功しました。新自由主義的改革そのものが目標で、それを補完するためにセーフティーネットの再構築も必要、と従来説いていたものを反転して、国民生活を守る社会保障政策が主目的となり、そのためにムダを削減して財源を探すことが必要、という主張になったわけです。

　３年余で終わってしまった民主党政権の問題は、政策目標ではなく、政策目標にそぐわなくなった新自由主義的な政治手法にこだわりつづけたことにあったと言えます。それは小選挙区制、有権者との「契約」になぞらえられるマニフェスト、強権的なリーダーシップモデルなど。「政治主導」として掲げられた統治改革の内実が、官僚制との関係においても主権者たる国民との関係においても、「政治家主導」に矮小化されてしまっていたということです。

　公共セクターのカネの循環に切り込み、ひたすら「既得権益」を壊し、「小さな政府」にしようということならば、中央集権的なトップダウン手法が効果的だとしても、それにくわえて何が必要だったのでしょうか。グローバル経済や少子高齢化を前提条件として受け止めたうえで、いかにして十全かつ持続可能な社会保障制度の再構築を進め、いかにしてそのための財源を確保するか、という破壊にとどまらない建設的な政策目標の実現のためには、コンセンサスを探りつつ漸進的に決めていく政治手法への転換が不可欠でした。それは１回の選挙で勝ったら、あとは政治家

たちに「お任せ」という簡単な話ではないからです。

このような政策目標と政治手法のミスマッチは、「吏党」としての長い伝統と実績を持つ自民党を追い出した成り上がり集団・民主党に対する官僚制のサボタージュに直面するや、その弱さをさらけ出してしまいました。腰くだけになって「現実主義」に転じた主流派にしても「マニフェスト原理主義」と呼ばれた小沢グループにしても、ともに主権者を「お客さま」扱いした新自由主義的な「政治家主導」パラダイムを共有することから、およそ「民党」たるには市民社会に根ざしていなかったのです。

形式的には一見同じように見える小選挙区制やマニフェストを用いているイギリスでさえ、選挙時にはもっと活発な政策論争が、メディアにとどまらず、各政党による戸別訪問や街角での議論や討論会というかたちでも展開されます。また日常的に大学などの学校や生活に根ざした公共空間において、政党や政治理念の多様性を前提とした主体的な意見交換がさまざまな政治問題についてなされています。

日本のように「官尊民卑」の伝統が強固な国で、市民社会にどっしりと根ざす努力を怠った「頂上作戦」で「政権党交代」だけを成し遂げても、実際に「政権」を形成しているのは自民党だけではないので、官僚制や右派メディアなどの応援団からの反撃を受けたときに支えてくれる足腰となる市民層を持たなかった民主党は、無残に有権者の信任を失ってしまいました。

　2012年12月の民主党の壊滅的大敗と自民党の政権復帰は、ふたたび一党優位支配の時代に日本を戻したわけですが、実際には、55年体制と大きく異なる点がいくつかあります。1つには、かつてであれば社会党率いる革新陣営が反対勢力（オポジション）として、そして1990年代後半からは民主党が次第に対抗勢力（オルタナティブ）として、自民党や官僚制を牽制し、タガを嵌める役割を果たしていましたが、今や政党システム内に歯止めがいっさいない状況が戦後初めて生まれました。2つには、新自由主義的な政治改革や行政改革の蓄積によって、自民党や官僚制内にも多様性が失われ、首相（と官邸）からのトップダウンの指示に万事盲従するかのような中央集権体制が出来上がっています。3つに、自民党の右翼別働隊のような複数の「衛星政党」が誕生し、右傾化傾向を加速させる機能を果たすようになっています。

　自民党自体の支持は回復したとは言えず、実際にはおよそ6人に1人の有権者しか自民党ないし自民党候補に積極的に投票していないにもかかわらず、小選挙区制のマジックにより、野党が分裂して、投票率が低迷するかぎり、自民党は何度選挙をやっても圧勝できる状態になっています。「この道しかない」という言葉が2014年暮れの総選挙での自民党のポスターのコピーとなりました。自由民主主義において、1つしか道がないはずがないのにです。

　選挙や政党が機能不全を起こし、私たちの声を議会に届けることが困難になった結果、久しく大規模なデモなどな

い国だと言われてきた日本において、世界各国でも見られるような直接行動がとりわけ 2011 年 3 月の東京電力福島第一原子力発電所事故の後、繰り返されるようになりました。代表制（間接）民主主義がうまく作用しないときに、主権者が自ら直接抗議行動のために公共空間に姿を現わすのが民主主義の原点であり、脱原発から特定秘密保護法や安全保障関連法制に反対する多様な市民の抗議行動は、非暴力・不服従を貫く、個々人の自発的な運動として大きく広がってきました。

　国会や選挙において、「この道しかない」とうそぶく政権与党に対抗し、本当の「民党」として私たちの声を代表する野党の共闘を市民社会が後押しする、現代版の「自由民権運動」や「憲政擁護（護憲）運動」が起きているのです。丸山真男が指摘したように、民主主義「である」だけでは不十分で、民主主義は「する」ものです。学校や大学などで政治について意見を交わしたり、国会前などのデモや集会などに参加したりする日常の政治参加と、選挙における投票を通じた政治参加は地つづきのものです。日々、私たちが民主主義の主体として主権者として政治参加の権利を行使することによって、民主化という未完のプロセスが前に進むのです。

なかの・こういち　1970 年生まれ。上智大学国際教養学部教授。日本政治。著書に『右傾化する日本政治』『戦後日本の国家保守主義』など。

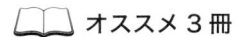 **オススメ３冊**

中北浩爾『現代日本の政党デモクラシー』岩波新書
　「競争」にかたよった結果、日本の政党政治が袋小路に入り込んだ現実を踏まえ、「参加」の強化に立ち戻ることを説く。

三浦まり（編著）『日本の女性議員』朝日選書
　女性議員らへの徹底した調査により彼女らが切り拓いてきた道に光をあて、女性の極端な過少代表という問題の解決に挑む。

SEALDs（自由と民主主義のための学生緊急行動）『SEALDs 民主主義ってこれだ！』大月書店
　2015 年夏、それぞれの孤独な思考の末に行動をともにした気概ある若者たちが、政治参加のあり方を決定的に変えた。

何を見て判断するの？

———— 荻上チキ

IIIII **民主主義とは何か** IIIIIIIIIIIIIIIIIIIIIIIIIIIIIIIIIIIIIIIIIIIII

人と人とのコミュニケーションをサポートしてくれる道具のことをメディアといいます。メディアとは、「媒体」という意味の言葉です。メディアは、民主主義にとって、切っても切り離せない大事な存在です。

まず、民主主義とは何でしょう。それは、国王や教祖、貴族や富豪といった特定の人ではなく、「民」＝一般の人々が主権を持ち、社会を動かしていくという考え方のことです。この考え方を実現するためには、いくつもの仕組みが必要になります。ただ単に、多数決をとれば済むというわけではないのです。

例えば代議制。代議制とは、一般国民から選ばれた代表が政治を行う制度のことです。日本には、2016 年現在、1 億人以上の人口が暮らしています。これらの人を全員集めて会議を行うことはできません。そんなに広い議場はありませんし、同じ時間に集まることも難しいでしょう。そこで、人々の代わりに政治を行ってくれる代表を選挙で選び、代表は人々のために政治を行う。人々も、ただ代表に政治を任せっきりにするのではなく、その代表がちゃんと

仕事を行っているか、厳しくチェックしていくのです。

　メディアはここで、重要な役割を果たします。まず、自分たちが住んでいる社会にどんな政治課題があるのかを把握していないと、代表を選ぶ基準が分かりません。また、代表になりたがっている人が、投票にふさわしいか否かが分からないと、賢い投票につながりません。もちろん、代議士として選ばれた人が、議会でしっかりと仕事をしているのかを知ることも重要です。これらの場面で、メディアは重要な役割を果たすのです。

　もちろん、代議制だけでは、民主主義は完成しません。代議士による多数決だけでは、「民」の声が十分に反映されるわけではないからです。そこで、より民主主義的だと思える社会を実現するための、さまざまなオプションが存在しています。例えば、デモ、ロビイング、パブリックコメント、署名、演説、集会などです。その一部を説明しましょう。

||||| 複数の「民主主義オプション」とメディアの役割 |||||

　デモとは、特定の主張をもつ人々が、集団でそのメッセージをアピールする活動です。主張を叫びながら街を行進したり、国会など特定の対象を取り囲み、自分たちの存在を訴えるのです。

　デモの効果には、直接的な効果と、間接的な効果があります。直接的な効果は、例えば議会や企業などの前でアピールをし続けることによって、その対象そのものに影響力を与えることです。「この声は無視できないな」「もうデモ

を止めてほしいので話を聞こうかな」といった仕方で、相手に直接の変化を促すものです。

これに対して間接的な効果は、デモを見た者にその論点を知らしめたり、賛同してもらったりすることです。また、デモに参加する者の間で、連帯意識を築くこともまた、間接的な効果の１つです。

こうしたデモもまた、メディアによって取り上げられることによって、その効果を増します。そのためデモを行う者は、あらかじめメディアに対して「こういうデモを行います」と連絡しておき、取材に来てもらうよう訴える。メディアでデモが報じられれば、アピール効果は何倍にもなります。そうやって、論点を社会に広げていくことこそが、デモの狙いなのです。

署名活動もまた、民主主義にとって重要な行為です。特定の政治メッセージに共感する人がそれなりに存在することを、署名を渡すという行為を通じて相手に訴える。その際にも、やはりメディアによって取り上げてもらうことによって、効果を大きくする場合があります。署名を手渡すシーンを報じてもらうことによって、「この人たちは、署名活動を行うほど、この問題を強く訴えているんだな」と理解してもらうのです。

何かしらの理由で社会を動かしたい者にとって、メディアで取り上げてもらえるかどうかは大事なポイントです。メディア上では日々、そうして活動している人たちの様子の一部が取り上げられています。それを観る人、読む人に対して、考えるための材料を提供しているのです。

‖‖‖ **メディアの「クセ」を知ろう** ‖‖‖‖‖‖‖‖‖‖‖‖‖‖‖‖‖‖‖‖

　ところで、メディアというものは、ありのままの真実を映し出すといったような、透明な道具ではありません。あらゆるメディアには、必ず「バイアス」(偏り)が存在します。

　例えばメディアは、真実ではない情報を流すことで、誤った世論を作り出すことがあります。2015 年 7 月の内閣府の調査では、「少年による重大な事件が増えていると思うか」という質問に対して、「増えている」とする人の割合が 8 割(78.6％)ほどであることがわかっています。しかし警察庁のデータによれば、少年犯罪の発生件数は戦後最低を更新しています。なぜ多くの人が、誤ったイメージを抱いているのでしょうか。

　その理由の 1 つが、メディアの報道です。メディア上では連日、少年犯罪が大きく取り上げられます。少年犯罪が多いからではなく、珍しいからこそ大きく取り上げられるのです。しかし、頻繁にそうした情報に接することによって、「少年犯罪は増えているのか」と錯覚してしまう人が出てきてしまう。しかもメディア上で、コメンテーターが「最近の少年犯罪はひどい」とコメントしたりするのですから、数だけではなく "ひどい少年犯罪が増加している" と印象づけられることにもなり、その影響力は絶大です。

　このように、事実と違うイメージが広められてしまうと、政治の場でも、「少年犯罪への取り締まりを強化しよう」「罰を厳しくしよう」といった議論が出てくる。しかし、

間違った前提で議論をして、正しい結論は得られません。だからこそメディアは、誤った情報を流さないように努力しなくてはならないのです。

　事実に反する情報を流しているわけではなくても、バイアスというのは存在します。例えばあなたは、新聞を読み比べたことはあるでしょうか。何かの法律が通ったとしても、ある新聞は賛成の立場からそれを褒め、別の新聞は反対の立場からそれを批判する、といったことはしばしばあるのです。

　例えば、同じく日本の大手新聞である、読売新聞と朝日新聞とでは、記事の書き方も、考え方も、大きく違っています。読売新聞は、憲法改正賛成、原発再稼働賛成、集団的自衛権賛成であり、朝日新聞はどれも反対です。こうしたスタンスは、単に記事の立場にだけ影響を与えるのではありません。時には、その情報を大きく報じるか、それとも小さく報じるのかといった点にも、大きく影響を与えます。

　朝日新聞は 2015 年、集団的自衛権反対の大規模デモを、連日大きく紹介しました。一方で読売新聞は、朝日新聞ほどはそのデモを報じず、一方で集団的自衛権賛成の小規模デモを並べて取り上げたりしました。また、例えば憲法についてとりあげる時も、両新聞はそれぞれ異なる憲法学者を招きます。読売新聞は憲法改正賛成派の学者の意見を、朝日新聞は反対派の学者の意見を、それぞれ多く紹介するのです。

　このように、メディアにはそれぞれの「クセ」のようなものがある。より賢くメディアと付き合うためには、メデ

ィアがどんな「クセ」を持っているのかを知っておくのがいいでしょう。

|||||**ウェブメディアの特性を知ろう** ||||||||||||||||||||||||||||

テレビ、新聞、雑誌、ラジオといったメディアのことを、一般には「マスメディア」と呼びます。特定の職業の人が取材を行い、それをマス＝多くの人々に向けて報じるスタイルのメディアです。

それに対して、2000年代頃から、ウェブの力も大きくなってきました。ウェブメディアとマスメディアは、完全に別物というわけではありません。マスメディアを持つ企業は、その記事をウェブ上で配信しますし、ウェブ上の記事がマスメディアで取り上げられる以上の「マス」の拡散力を発揮する場合もあります。

ウェブの特徴として、SNSの力があげられます。ブログやツイッター、フェイスブックなどのSNSでは、誰でも発信することができます。SNSを通じて、情報が口コミ的に広く拡散していくこともしばしばあります。

ウェブによって、報道の仕事に携わっていない人でも、自由に、多くの人に向けて、情報発信ができるようになりました。ウェブ上で、専門的な知識や当事者の証言が、広く読まれるといったことも生じます。マスメディアが誤った報道を行ったときに、専門家による良質な「ツッコミ」が行われることもしばしばです。

逆に、ウェブ上で、誤った情報が広がってしまうこともあります。また、似たような政治的指向を持った者同士だ

けでやりとりを続けることによって、議論を深めるというよりも、偏見を深めてしまう人も少なくありません。無責任な、差別的書き込みを行う人だってたくさんいます。他者を罵倒して快楽を得る行為は、議論とは呼びません。そのことを理解しない人は、どのようなメディアに触れても、誤った議論をするばかりです。

　ウェブメディアは、自由で広範囲な発信力を人々にもたらしました。そのことが、民主主義にとってプラスになることもたくさんあります。議論に参加できる人の数を増やし、多くの人に情報へのアクセスを許し、人々をつなげる。そのことで、知る権利が満たされ、議論がより深まるわけです。他方で、民主主義にとってマイナスになる場面もありえます。

　ウェブは、民主主義にとってプラスになるのか、マイナスになるのか。それを分けるのは、ネットに対する技術的な理解の度合いではありません。いくらスマホやパソコンを上手に操れるからといって、それを用いて有意義な議論が行えるかどうかは別です。メディアの「クセ」を知りつつ、民主主義を達成するための道具として自覚的に用いることができるかどうかが、最後は大きなカギを握るのです。

おぎうえ・ちき　1981 年生まれ。評論家。「シノドス」編集長。電子マガジン配信、ラジオでも活躍。著書に『僕らはいつまで「ダメ出し社会」を続けるのか』など。

📖 オススメ3冊

ダレル・ハフ『統計でウソをつく法』講談社ブルーバックス
　データも数字もウソをつく。見抜く力を身につけよう。

**荻上チキ、飯田泰之、鈴木謙介『ダメ情報の見分けかた』
NHK出版生活人新書**
　メディアリテラシーとは何かを考えるために。

松田美佐『うわさとは何か』中公新書
　どうしてうわさは広がるのか。ネットのデマ対策にも。

税金は何のため？

———— 三木義一

‖‖‖‖ **税金を払うのは義務？** ‖‖‖‖‖‖‖‖‖‖‖‖‖‖‖‖‖‖‖‖‖‖‖‖‖‖‖‖‖‖

おめでとう！ 18歳になるみなさんはこれで初めて、自分の意思を「投票」という行動で反映させられるわけですね。

では、何を基準に投票したらよいでしょう？ 本書の第Ⅱ部で書かれているさまざまな論点が重要であることはその通りなのですが、じつは一番大事なことが抜けています。税金です。私たち国民は、日本の国のあり方を決める権限を持っている主権者です。税金とは、主権者である私たち国民が、自分たちの社会を運営していくために出し合うお金です。

税金というと、学校では「国民は国に税金を納める義務がある」と習ったかもしれませんね。でも、ここでちょっと考えてみてください。なぜ「義務」なのでしょう？ これはじつにおかしなことだと私は思っています。そもそも、主権者である私たち国民にたいして、いったい誰が「義務」を負わせられるのでしょうか？ 国でしょうか？ いいえ、違います。「国民主権」をうたう現在の日本国憲法のもとでは、国民にたいして義務を負わせることは、誰に

もできないのです。

　日本国憲法の画期的なところは、納税者である国民が同時に主権者にもなったことです。これは日本の歴史上で初めてのことでした。それにもかかわらず、納税が「義務」となっているのは、戦後すぐの時期、当時の頭の古い国会議員たちが新しい憲法の中に「過去の遺物」を潜り込ませたからです。明治時代に制定された大日本帝国憲法では、納税は「臣民の義務」と定められていました。過去の遺物とは、その義務規定のことを指します。そういう過去の遺物を、私たちはいまだに「当たり前のもの」と思い込んでいるのです。

‖‖‖‖**「減税」には要注意** ‖‖‖‖‖‖‖‖‖‖‖‖‖‖‖‖‖‖‖‖‖‖‖‖‖‖‖‖‖‖‖

　しかし、「義務なのだから払え」と言われたら、「払いたくない」と思うのが人情です。ですから、いつの時代も、「減税」という言葉は、有権者には魅力的に聞こえます。選挙のたびに減税を主張する政治家だらけになるのはそのためです。1票でも多く票を獲得したい政治家たちは、与党も野党もみな、正義の味方よろしく「減税、減税」と主張します。

　しかし、減税は本当に正義の主張なのでしょうか？　私たちの税金の大半は、公共の目的や貧困にあえぐ人たちの生活をささえるための、社会の運営費として使われています。「減税」を主張することは、見方をかえれば、その運営費を少なくしろ、と言っていることにもなります。

　私たちが暮らす日本社会は、資本主義という経済システ

ムを採用しています。このシステムは人類がこれまでに生み出した経済システムのなかでは、現時点で最良のシステムです。ただし、大きな欠陥もあります。このシステムでは、資本収益率がつねに経済成長率を上回ってしまうのです。つまり、経済格差が広がってしまうという問題があります（フランスの経済学者トマ・ピケティが書いた『21世紀の資本』という本がこの事実を明らかにして、近年大きな話題になりました）。

こうした資本主義の欠陥を解消して、安定した社会を運営していくためには、国民の1人ひとりが、その負担能力に応じた税金をきちんと社会にたいして差し出す必要があります。ところが、日本人にはこれまで、このような視点が欠落していました。何も疑問に思わずに「減税＝良いこと」と思われてきたのです。しかも不思議なことに、政治家は与党も野党も減税を主張する一方で、社会福祉の支出の増大を主張してきました。まったくの矛盾ですが、それをみな矛盾と思ってきませんでした。

‖‖‖ 増税を言い出せない政治家 ‖‖‖‖‖‖‖‖‖‖‖‖‖‖‖‖‖‖‖‖‖‖‖‖‖

その結果、いま、どんなことが起きているのでしょうか？　次ページのグラフを見てください。これは俗に「ワニの口」と呼ばれるグラフです。日本の最近の国家予算は、歳出がだいたい100兆円です。ところが、歳入である税収は55兆円程度。まったく足りません。残りの45兆円は、いったいどうやって工面しているのでしょう？　国債です。国が発行する債券を買ってもらって急場をしのいで

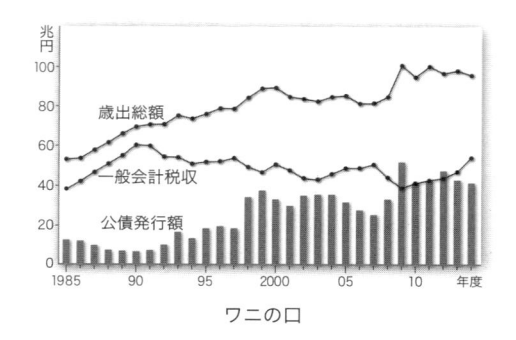

ワニの口

　いるのです。国債とは要するに、国の借金です。

　その借金の累積額が、すでに 1000 兆円を超えていま
す。これが普通の人ならば、とっくの昔に破産です。すっ
かり信用を失って、誰もお金を貸してくれないでしょう。
ところが、国は貨幣の発行権を持っています。それでやっ
とこさ、日本の財政はまだかろうじて維持されています。
しかし、なんとも危ない状態なのです。

　この問題を解消するには、ハイパーインフレ、緊縮財政、
借金踏み倒しなど、いろいろな方法が考えられます。しか
し、いずれにしても苦しむのは結局、私たち国民です。国
民の暮らしのことを本当に思うならば、みんなに良い顔が
できる「減税」ではなく、政治家はむしろ勇気をもって
「増税」を訴えねばならない。私はそう考えています。

‖‖‖‖「代表なくして課税なし」の本当の意味 ‖‖‖‖‖‖‖‖‖‖‖

　しかし、現実はどうでしょうか。2014 年 11 月 18 日、
衆議院の解散に先だつ記者会見で、安倍晋三首相はこのよ

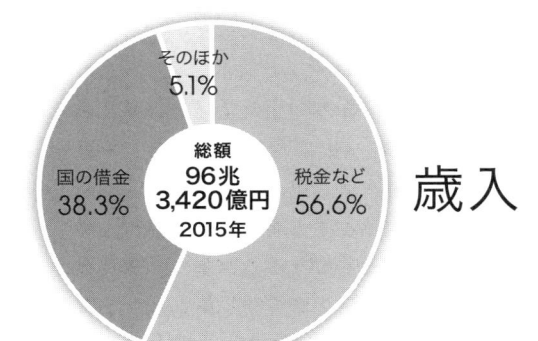

歳入

- そのほか 5.1%
- 国の借金 38.3%
- 総額 96兆3,420億円 2015年
- 税金など 56.6%

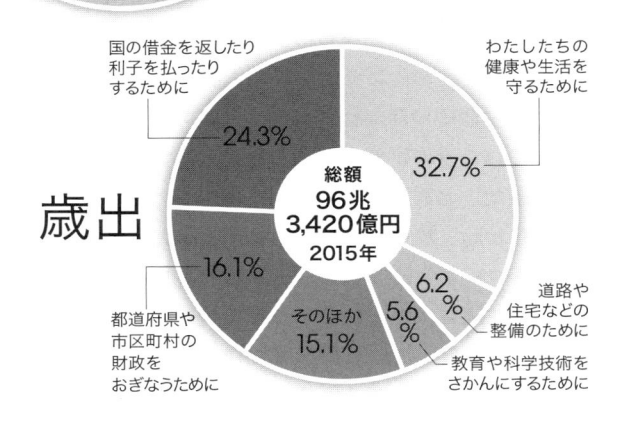

歳出

- 国の借金を返したり利子を払ったりするために 24.3%
- わたしたちの健康や生活を守るために 32.7%
- 総額 96兆3,420億円 2015年
- 都道府県や市区町村の財政をおぎなうために 16.1%
- そのほか 15.1%
- 教育や科学技術をさかんにするために 5.6%
- 道路や住宅などの整備のために 6.2%

日本の財布勘定はどうなっている？

国税庁ホームページ
「税の学習コーナー」より

うな発言をしています。

　本日、私は、消費税 10% への引き上げを法定どおり来年 10 月には行わず、18 カ月延期すべきであるとの結論に至りました。……このように、国民生活にとって、そして、国民経済にとって重い重い決断をする以上、速やかに国民に信を問うべきである。そう決心いたしました。今週 21 日に衆議院を解散いたします。消費税の引き上げを 18 カ月延期すべきであるということ、そして平成 29 年 4 月には確実に 10% へ消費税を引き上げるということについて、そして、私たちが進めてきた経済政策、成長戦略をさらに前に進めていくべきかどうかについて、国民の皆様の判断を仰ぎたいと思います。……
　しかし、税制は国民生活に密接にかかわっています。代表なくして課税なし。アメリカ独立戦争の大義です。国民生活に大きな影響を与える税制において、重大な決断をした以上、また、私たちが進めている経済政策は賛否両論あります。そして、抵抗もある。その成長戦略を国民の皆様とともに進めていくためには、どうしても国民の皆様の声を聞かなければならないと判断いたしました。信なくば立たず、国民の信頼と協力なくして政治は成り立ちません。

　安倍首相のこの発言は、いろいろ立派な言葉を並べていますが、よく読んでみると、まったく意味不明です。「代表なくして課税なし」。この言葉は、18 世紀、アメリカ

独立戦争の際、イギリス議会で勝手に税金が決められてしまうことに反発した、アメリカの市民たちが掲げたスローガンです。議会に代表を選出できないならば、新たな税負担に応じる必要はない、という意味です。当時、アメリカはイギリスの植民地でした。アメリカの市民は、イギリスに課税されながらも、自分たちの代表をイギリス議会に選出できませんでした。

　では、現代の日本に暮らす私たちはどうでしょう？　私たち日本国民は、日本の国会に代表を選出できていないのでしょうか？　安倍首相自身が国民から選出されていないというのでしょうか？　少なくとも国政選挙を通じて選ばれているのですから、「代表」であることに間違いはありません。しかも、安倍首相は、新たな税負担を国民に問うたわけでもありませんでした。すでに導入が決まっていた消費増税の延期を決定し、その弁明として「将来は必ずやります」と言っただけです。「代表なくして課税なし」ではなく、むしろ「代表ありて課税なし」だったのです。

　安倍首相がなぜ増税を延期したかといえば、たんに選挙で勝ちたかったからにすぎません。「国民に信を問う」と言って始めた選挙から1年余。確実に引き上げるという宣言も、すでに怪しくなってきています。消費税率アップを骨抜きにしかねない軽減税率の導入が、2015年末の税制改正で決定されました。軽減税率は政治的にはきわめて問題の多い制度です。このようなものを入れると、業界の与党への陳情が激増し、「票を税で買う政治」が横行するようになるでしょう。

　そういう制度が導入される背景には、2016年夏の選挙

があります。軽減税率は消費税の弊害を是正するためのもの、というのがもっぱらの触れ込みですが、実効性の薄さが指摘されています。そういうものをあえて導入するのは、消費税率のアップによって国民が受ける「痛税感」に配慮したポーズを見せて、きたるべき選挙に備えようという思惑が与党にあるからです。選挙が税金に関わる問題をすべて先送りにしてしまう。それが日本の政治の嘆かわしき現実です。

ⅠⅠⅠⅠⅠ 納税ではなく払税に ⅠⅠⅠⅠⅠⅠⅠⅠⅠⅠⅠⅠⅠⅠⅠⅠⅠⅠⅠⅠⅠⅠⅠⅠⅠⅠⅠⅠ

　日本でなかなか増税ができないのは、国政選挙が多すぎるからだという声もあります。戦後 70 年の国政選挙の回数は、日本 47 回、アメリカ 35 回、フランス 29 回、英国 19 回、ドイツ 18 回だそうです。選挙の回数が多すぎるために、負担を先送りにしやすい構造になっていると指摘されています（日本経済新聞 2015 年 12 月 6 日「税金考」参照）。

　たしかに、政治家が選挙に躍起になるばかりで、国家の政策を遂行できないのでは問題です。しかし、他方で国民が絶えず合理的に負担増を監視しているというなら、それはそれで民主主義の 1 つのあり方かもしれません。選挙を通じて、絶えず税金の仕組みの合理化と歳出の合理化を図れるなら、民主主義社会としては理想的だからです。

　これにたいして、選挙が多いから負担を先送りにしてしまうのだという指摘は、結局、有権者は賢くないと言っているようにも聞こえます。有権者が選挙で、「税金は出さ

ないが、公共支出は出せ」と無理なことばかり言うので、政治家はまともな政策をとれないのだ、という指摘でもあるからです。でも本当に、私たち有権者は賢くないのでしょうか？　選挙をさせると、負担をどんどん先送りにしてしまうのでしょうか？

　かつて納税の義務規定を憲法に導入した国会議員や官僚たちは、義務として強制しないと、国民は税金を払わなくなると考えたようです。税金の仕組みやその使い道を明確にわかりやすく伝え、国民自身に選択させようという発想はありませんでした。むしろ、国民が税金について考えなくてすむような仕組みをどう整えるかという発想がありました。そういう発想にもとづいて導入されたのが、源泉徴収と年末調整の制度です。

　みなさんのなかには、これから社会に出て、給料をもらうようになる人がいると思います。あるいは、大学生になる人ならアルバイトで給料をもらう人もいるでしょう。給料をもらう人のことを「給与所得者」といいます。日本の税制では、給与所得者が払う税金は毎月の給料から自動的に天引きされます。ただし、税金の額は計算違いなどによって過不足も生じうるので、毎年の年末に１年間の最終的な税額を再計算して調整することになっています。これが源泉徴収と年末調整の制度です。

　ここで「自動的に」というところが問題です。みなさんも働くようになると実感すると思いますが、日本のサラリーマンの大多数は税金について無頓着です。自分が毎年どれだけ税金を払っているか、きちんと把握しているサラリーマンは多くありません。それは、源泉徴収と年末調整の

制度によって、税金のことを考えなくてすむ状態にされているからです。

　国民をそのような「お上(かみ)まかせ」の状態に置きつづけてきたことが、いかに失敗であったか。それは、税制と財政の両面から証明されています。冒頭の「ワニの口」のグラフは、その何よりの証拠です。日本の財政がこのような危機的状況に陥った理由の１つは、国民の大多数を税金から遠ざけてきたことにあるのです。

　国民のための増税だってありうる。私はそう考えています。税金のことをよく知らずに、「減税は国民のため」と言う政治家の主張を鵜呑みにしないこと。ただ「義務」だからといって納めるのではなく、社会をより良くするための自分の意思表示として税金を払うこと。そういう税金のあり方を、選挙を通じて堂々と議論してはどうでしょうか。社会の責任ある主権者として、政治に、そして選挙に積極的に関わっていこう。これからの日本社会は、あなたたち新しい有権者が創り出すべきものなのだから。

みき・よしかず　1950 年生まれ。青山学院大学学長。専門は租税法。著書に『日本の税金 新版』『日本の納税者』 など。

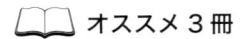 **オススメ3冊**

諸富徹『私たちはなぜ税金を納めるのか』新潮選書

税金は国から言われるまま負担するもの。そんな日本人の消極的な意識が、欧米の人たちの意識といかに違うかよくわかります。

志賀櫻『タックス・ヘイブン』岩波新書

脱税や租税回避、テロ資金、投機マネーの温床＝タックス・ヘイブン。国際金融の裏の裏を知り尽くした著者による警世の遺著です。

トマ・ピケティ『21世紀の資本』みすず書房

格差を縮小し、安定した社会の形成に貢献してきたのは税制であったことを、歴史的かつ数量的に証明した、経済学の必読書です。

II

選挙。ここがポイント！

憲法改正って何？

——————— 愛敬浩二

‖‖‖**憲法改正がなぜ選挙の争点になるのか？** ‖‖‖‖‖‖‖

　安倍晋三首相は 2016 年年頭の記者会見において、「憲法改正については、これまで同様、参議院選挙でしっかりと訴えていく。……そうした訴えを通じて国民的な議論を深めていきたい」と述べました（1 月 4 日）。みなさんが初めて投票することになるかもしれない今年 7 月の選挙で、なぜ憲法改正の問題が選挙の争点となるのでしょうか。

　日本国憲法の条文が手元にあったら、第 96 条を探してみてください。その第 1 項には、正式な手続きを踏んで憲法改正をするために必要な条件が書かれています。①憲法改正を発議するためには、衆議院と参議院のそれぞれの総議員の 3 分の 2 以上の賛成を必要とする、②国会が発議した憲法改正案は、国民投票で過半数の賛成による承認を得る必要がある。これらの条件が充たされないかぎり、憲法改正を行うことはできません。

　自由民主党（以下、「自民党」と略す）は 1955 年の結党以来、憲法改正を党の基本方針としてきましたが、①の条件をみたすことがなかなかできませんでした。ところが、1990 年代の「政治改革」によって、多数党に有利とされ

る小選挙区中心の選挙制度が導入されたため、①の条件を
みたす可能性が生まれました。連立与党（自民党・公明党）
の議席数は 2016 年 3 月現在、衆議院が 325 議席、参議
院が 136 議席です。衆議院の法定の総議員数は 475 人な
ので、連立与党は「3 分の 2 以上」という条件をみたし
ています。参議院の場合は 242 人なので、現在の議席占
有率は 56.2% です。そのため、今回の参議院選挙は、憲
法改正の成否を占う「天下分け目の戦い」になる可能性が
あるのです（参議院は 3 年ごとに半分ずつ改選）。安倍首
相が年頭記者会見で、憲法改正への抱負を述べた理由が、
これで理解できたでしょうか。

‖‖‖ 憲法改正の考え方 ‖‖‖‖‖‖‖‖‖‖‖‖‖‖‖‖‖‖‖‖‖‖‖‖‖‖‖‖‖

　「日本国憲法は制定以来、一度も改正されていないから、
時代の変化に合わせて改正すべき」という議論があります。
「なるほど」と思った人もいるかもしれませんが、憲法の
意義・役割について少し深く考えると、この論法がまった
くの誤りであることがわかります。
　まず、憲法と法律の違いを確認しておきましょう。民法、
刑法、学校教育法、労働基準法など、国会が制定するルー
ルが法律です。日本には現在、膨大な数の法律があり、法
律の制定・改正・廃止は毎年のように行われています。①
衆参両院の総議員の 3 分の 2 以上の賛成と②国民投票を
必要とする憲法改正の場合と異なり、法律の改正等は、衆
参両院の過半数による議決のみで可能です（憲法第 59
条・56 条）。法律よりも改正の困難な憲法のことを「硬

性憲法」と呼びますが、このような違いを設けたのはなぜでしょうか。それは、憲法の意義・役割の本質に関わる問題です。

　憲法というルールの基底にある考え方（立憲主義）の核心は、「権力の制約」という点にあります。その目的は、諸個人の基本的人権の保障です。フランス人権宣言（1789年）の「権利の保障が確保されず、権力の分立が定められていないすべての社会は、憲法をもたない」（16条）という一文が、近代憲法原理の本質を簡潔に述べたものとしてたびたび引用されるのも、そのためです。

　利害や価値観を異にする 1 人ひとりの個人の存在を前提として運用される民主政治においては、構成員の権利や利害に関わる事柄は、しっかりと議論をして決める必要があります。とはいえ、全員が納得しなければ、何も決定できないというのでは、民主政治は停滞してしまうでしょう。そこで、日々の政治（便宜上、「通常政治」と呼びます）は多数決を原則として運用されることになりました。けれども、「諸個人の基本的人権を保障するため、国家権力を制約する」という立憲主義の考え方のもとでは、すべての決定を「通常政治」に委ねてよいことにはならないはずです。

　たとえば、表現の自由の保障について考えてみましょう。「通常政治」を運用するそのときそのときの多数派は、自分たちの政策を効率的に実現するため、反対派の発言機会を奪いたくなるかもしれません。しかし、多数派の判断が常に正しいとは限りません。反対派の意見を聞かずに行った多数決は、事態を悪化させる危険性が高いのです。そこで日本国憲法は、表現の自由を憲法のレベルで保障するこ

とで（第 21 条）、「通常政治」の多数派が、多数決で制定
できる法律を使って、反対派の議論を封殺することができ
ないようにしています。

　憲法改正は、国家の基本原理を変更する必要がある場合
に、私たちの基本的人権の保障に対してマイナスとならな
いように工夫しながら、慎重に行うべきものです。「憲法
改正」を「法律改正」と同じように考えて、「時代が変わ
ったから、そろそろ変えよう」なんて論ずるのは、憲法の
意義・役割への無理解を示すものです。

‖‖‖‖憲法改正案を熟読し、自分の頭で考える‖‖‖‖‖‖‖‖‖‖

　「通常政治」での決定に誤りがあれば、過半数の賛成に
よって修正可能です。しかし、いったん間違った憲法改正
が行われると、過半数では元に戻すことはできません。そ
のときそのときの多数派は、自分たちを縛るルールを緩め
たいと思うのが人情ですから、私たちは、「現在の多数派
＝政府与党」が、そのような思惑のもとで、憲法改正を提
案していないかを慎重に見極める必要があります。

　憲法改正の具体的なテーマとして、非武装平和主義を定
める第 9 条の改正や、環境権を保障する規定の新設など
が議論されています。スペースの都合もあるので、ここで
は、現在話題になっている緊急事態条項の問題について考
えてみましょう。緊急事態条項とは、「平時の統治機構を
もってしては対処できない非常事態」において、国家の存
立を維持するために、立憲的な憲法秩序（人権の保障と権
力分立）を一時停止する権限（以下、「国家緊急権」と呼び

ます）について定める規定のことです。

　東日本大震災（2011 年）やパリ同時多発テロ事件（2015 年）のことを考えると、「緊急事態条項の新設のための憲法改正は必要だ」と思ってしまいそうですが、少し待ってください。たとえば、自然災害等に対する緊急事態法制は、法律のレベルですでに用意されています（災害対策基本法、大規模地震対策特別措置法、原子力災害対策特別措置法等）。東日本大震災で国や自治体の対応に問題があったとしたら、現行法制度をきちんと運用するための事前準備が足りなかったためである、といわれています。

　自民党の「日本国憲法改正草案」（2012 年）の緊急事態条項を読むと、非常事態の際に内閣総理大臣に権限を集中することを定めていますが、国会によるコントロールの方法など大切なことはほとんど、「法律の定めるところにより」とされており、結局のところ、「法律任せ」なのです。だったら、わざわざ憲法のレベルで緊急事態条項を設ける理由がわかりません。より深刻なのは、立憲主義的な憲法秩序を破壊しかねない国家緊急権を憲法レベルで内閣総理大臣に与えておきながら、その権限に対する立憲的統制のための工夫を、多数決で定めることのできる法律に委ねている点です。これは危険です。

　憲法改正の問題を考える際に重要なことは、憲法の意義・役割に関する基本知識を踏まえつつ、改憲派の人々が実際に提案している改憲案を熟読し、彼らの提案する憲法改正が実現したら、私たちの日々の生活がどのように変化するのかについて、専門家の意見やメディアの情報を参考にしつつ、自分の頭でじっくりと考えることです。そして

もし、憲法改正をしなくても、「通常政治」のレベルでの改革・改善で対応できるのであれば、そちらを優先すべきです。なぜなら、現在の多数派は自分たちの権力を永続化させるため、自分たちを縛るルールを緩めたいと考えるものだからです。

自民党の「日本国憲法改正草案」はホームページから取得可能です。ぜひ一度、日本国憲法と比較しながら、熟読してみてください。
  http://www.jimin.jp/activity/colum/116667.html

あいきょう・こうじ 1966 年生まれ。名古屋大学教授。憲法学、憲法思想史。著書に『改憲問題』『立憲主義の復権と憲法理論』、共著に『改憲の何が問題か』など。

景気を決めるもの

—————— 小野善康

‖‖‖**景気と需給バランス**‖‖‖‖‖‖‖‖‖‖‖‖‖‖‖‖‖‖‖‖‖‖‖‖‖‖‖‖‖‖‖‖‖‖

　景気は私たちの暮らしを大きく左右します。そのため選挙では、景気はいつも重要な争点です。なぜ不況や好況になるのでしょうか。また、景気の状態に応じてどのような政策が必要なのでしょうか。

　景気には、物やサービスの売れゆき、雇用状況、企業の生産活動、物価や賃金の動き、株価や地価の動向など、いろいろな側面があり、相互に深く関連しています。

　企業が作った物を人々がどんどん買ってくれるなら（消費需要）、企業は生産能力を一杯に稼働させます。仕事も増え人手が不足するので、働きたい人がすべて働けるようになり、賃金も物価も上昇傾向が続いて人々の購買意欲を刺激します。企業収益も伸びるため、企業の所有権である株式の価格（株価）も上昇します。生産拡大のために機械設備も土地も必要になるので（投資需要）、機械は売れるし土地価格も上がります。お金や株式や土地などの合計が総資産ですから、それらが上昇すれば人々はどんどん金持ちになって、購買意欲はさらに高まります。これが好況であり、経済政策、特に景気政策とは、このような好況を実現し維

持するためのものです。

　好況を実現するには、供給と需要の両面がそろっていなければなりません。ここで供給とは物やサービスを作って販売すること、需要とはそれを買うことです。人々の購買意欲が低ければ物を作っても売れないので、企業は売れる分しか作りません。反対に、人々が物やサービスをもっと買いたいと思っても、それに見合う生産力がなければ買うことはできません。そのため、購買意欲とそれを満たす生産能力がバランスする必要があり、その結果が実際の経済活動になるのです。

　では、需要と供給は自然にバランスするのでしょうか。経済全体の生産力に比べて人々の潜在的な購買意欲が高ければ、それは可能です。

　もし生産能力以上に需要があれば、品不足になって物価が上がり、同じ資産で買える物の量が減るため、需要は下がります。反対に需要が不足しているなら、物価や賃金が下がって同じ資産で買える物の量が増え、需要は回復します。このように需要が過多でも過少でも、時間が経てば物価と賃金の調整によって需給が一致します。したがって、人々の潜在的な購買意欲が高い経済では、物価・賃金調整の迅速化と生産能力の拡大が重要です。

　物価・賃金調整を速めるには、物の需給や求人に関する情報の充実と、物流や転職を円滑にする制度改革が必要です。近年の雇用流動化を促す制度改革はこれを狙ったものです。また、直接お金の量を増減させて、購入できる物の量を調整すれば、価格調整を待たずに素早く需給のバランスを回復できます。これが金融政策です。したがって、景

気が過熱すればお金の量を減らし（金融引き締め）、売れ残りや失業が出ればお金の量を増やすこと（金融緩和）が求められます。

　また、生産能力の拡大には、人々の労働意欲を高め、消費を控えて余った分を設備などへの投資に回すことも大切です。また、極力、無駄遣いを避ければ人々が有効利用できる物やサービスは増えます。そのため、消費者も企業も政府も使い道を吟味しなければなりません。

‖‖‖ デフレ不況 ‖‖‖‖‖‖‖‖‖‖‖‖‖‖‖‖‖‖‖‖‖‖‖‖‖‖‖‖‖‖‖‖‖‖‖‖

　しかし、経済が発展して生産能力が拡大し、人々が常々欲しいと思っていた物を手に入れてしまうと、お金を使うのが惜しくなります。そうなると、物が余って物価が下がってきても需要が増えません。人々の購買意欲が高い場合には、一時的に需要不足であっても、物価が下がれば需要が増えて景気はすぐに回復しました。しかし、それが働かなくなると、物価下落が続けば同じ物でも買うのを先送りした方が得なので、購買意欲はさらに減ってしまいます。その結果、物が売れず仕事も減り、失業も増えて賃金や物価の下落傾向（＝デフレーション）が定着します。これがデフレ不況です。

　物価が下がり同じ資産で買える物の量が増えても物を買おうとしないのですから、中央銀行が金融緩和で人々の手元資金を増やしても需要が上向くはずはなく、生産も増えていきません。次ページの図からわかるように、実際、日本が貧しかった 1980 年代までは、日銀の貨幣供給量（マ

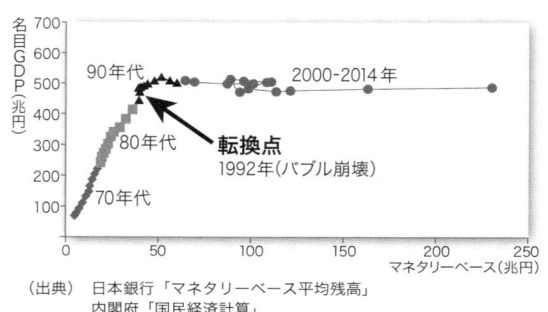

（出典）　日本銀行「マネタリーベース平均残高」
内閣府「国民経済計算」

ネタリーベース）の増加とともに国内総生産（GDP）も比例
して伸びていました。ところが 90 年代に入ると、日銀が
いくら金融緩和を行っても GDP はまったく伸びていませ
ん。こんな状況で物価や賃金の調整を早めると、デフレが
激化してかえって人々の買い控えが進んでしまいます。

　また、省力化や効率化で生産能力を拡大しても意味があ
りません。それどころか生産能力の余剰が拡大し、売れ残
りや失業が膨らんで不況が悪化します。同様に、人々が我
慢して消費を控え、物や人手を生産設備の拡充に回しても、
生産能力の余剰が増すばかりです。

　つまり、購買意欲の高いときにやるべき対策は効果がな
いばかりか、かえって状況を悪くしてしまいます。

　ところが企業は、物が売れないときこそ熱心にコストを
削減しようとして、効率化を行います。実際、他社に先駆
けて効率化できれば値下げが可能になり、シェアを伸ばし
て業績の改善が見込めます。しかし、総需要は変わらない
ので、日本中の企業が効率化をしても、シェアの取り合い
だけに終わります。ちょうど入学定員が決まっている入学

試験で、受験生の1人ががんばれば合格できるが、みんながんばっても全員合格にはならないのと同じです。不況下での効率化はそれよりさらに悪い点があります。効率化で人手がいらなくなり、失業が増えて給与も下がり、需要がさらに減るからです。これでは入学定員が減るようなもので、どの企業も以前より苦しくなってしまいます。

　このように、不況期には個々の企業や人々の立場からよかれと思うことをやると、かえって経済全体が悪化することになります。「個別ではよいことでも全体では悪くなる」という意味で、これを"合成の誤謬"と言います。

‖‖‖ **無駄とは** ‖‖‖‖‖‖‖‖‖‖‖‖‖‖‖‖‖‖‖‖‖‖‖‖‖‖‖‖‖‖‖‖‖‖‖‖‖

　このような状況では、何が無駄かも大きく違ってきます。生産能力を使い切れないことが無駄の原因ですから、生産能力を拡大しても無意味で、余った生産能力をどう使うかが重要です。それができるのは、利益を上げなければならない民間企業ではなく、政府しかありません。これが財政政策です。

　財政支出には資金が必要で、税金か借金（国債）で賄うしかありません。税金はその場で集め、国債は将来の税金で集めるので、時期の違いだけで国民の払う額は同じです。税金のことを国民負担と言いますが、この表現は誤解を招きます。税金を払う局面では確かに負担ですが、それは支出され、その分国民の所得になります。つまりお金の流れだけを見れば、誰かが払って誰かがもらう再分配であり、経済全体での負担ではないのです。

財政支出のうち、生活保護や児童手当などの社会保障費は純粋な再分配です。これらは税金を集めて生活困窮者や子育て家庭に渡すので、負担と同時に便益であることは明らかです。それでは公共事業のように、物を買い、人を雇う場合はどうでしょうか。

　好況で人が皆働いているとしましょう。このとき、政府が税収分で物を買い、人を雇えば、お金の流れでは再分配ですが、物の視点から見れば、政府が支払い額の分だけ人や物を使ってしまうので、民間向けの物の供給は減ってしまいます。これこそが負担です。しかし、役に立つ施設やサービスができるなら、その分は便益になります。そのため、政府の事業に支払った金額に見合う便益があるかが判断基準になります。

　この判断は、不況のときには違ってきます。生産余力があれば、政府が物を買い、人を雇っても民間への供給能力は維持されます。したがって物の意味でも民間への負担はない上に、事業が生み出す便益があります。また、雇用が増えるのでデフレも緩和され、人々の購買意欲を刺激します。たとえば政府が橋や道路を作り、保育園や介護施設を拡充すれば、国民はそれらの恩恵を受けるとともに、失業者も減ってデフレも緩和されます。そのときお金は納税者からその事業で働く人に再分配されているだけです。つまり、再分配に加えて各事業が生み出す便益が得られ、さらに雇用を増やして景気を刺激する効果さえあります。

　しかし、税金を払う局面では多くの人が反対します。その理由は、経済全体ではプラスでも、税金を払う人と、仕事が増えて所得を受け取ったり、事業によって便益を受け

たりする人が、一般に違うからです。さらに、不況のとき
ほどお金への執着が強いので、人々は税金を嫌い、政府は
財政支出を十分にできず、ますます雇用が減る傾向があり
ます。

　分配はもちろん重要です。しかし、そもそも全体の経済
活動が拡大しなければ、いくら分配を考えても皆を幸せに
はできません。まず既存の生産能力を使い切ること、その
ために仕事を増やし失業を減らすことが重要です。不況の
ときには、目先の負担回避や利益追求だけではかえって景
気を悪化させ、自分を取り巻く状況を悪くしかねないので
す。

‖‖‖‖ 株価バブルとお金への執着 ‖‖‖‖‖‖‖‖‖‖‖‖‖‖‖‖‖‖‖‖‖‖‖‖‖‖

　景気の良し悪しを語るとき、株価の動きが注目されます。
株式とは企業の所有権であり、持ち株数に応じて企業収益
を受け取る権利を取得できます。したがって、株価は企業
の将来にわたる収益の合計価値（＝現在価値）になるはずで
す。そのため、株価が上がると将来収益の見通しがいいか
ら、下がると将来が不安だからと言われるのです。株価が
本当に企業収益の見通しだけを反映するなら、将来性のあ
る企業ほど株価が高くなるため、新たに株式を発行すれば
高い値がついて資金調達が容易になります。つまり株式市
場は、将来性のある企業に資金を集めやすくするという大
切な役割を果たしています。

　しかし、過去 25 年を振り返ると、国内総生産（GDP）は
ほとんど伸びていないのに、株価は大きく上下しています。

1989 年には 3 万 8000 円もあった日経平均株価は 90 年には 2 万 4000 円まで急落し、その後は 2 万円を超えることもあれば 8000 円を下回ることさえありました。これに対して GDP はほとんど動かず、たとえば 1992 年と 2014 年を比べると同じ 488 兆円です。これでは、株価が企業の収益性を反映しているとはとても言えません。実体とは無関係に株価を上昇させてもうけを狙うだけで、それではギャンブルと同じです。

　日本や中国を含む多くの国々で、政府が資金を投入して株価を支えようとすることがあります。しかし、政府が資金を投入することは企業の将来収益とは無関係です。もしそれで株価が上がるなら、実体を反映しないバブルでしかあり得ません。それなのに、この政策は人々に喜ばれる傾向があり、その理由は株価上昇でお金が増えたと思えるからです。このことは、不況を引き起こす「物よりお金」という考え方と共通しています。

　大きな生産力を抱えて物への欲望が追いつかず、お金ばかりに欲望が集中する成熟した経済では、たとえ株価が上がって資産が増えても、物やサービスへの需要に結びつきません。企業業績が伸びないので、株価はたとえ上がってもすぐに下がってしまいます。そのため経済は成長しないまま、株価だけが乱高下を繰り返すことになるのです。

おの・よしやす　1951 年生まれ。大阪大学社会経済研究所特任教授。専攻は、マクロ経済動学、国際経済学。著書に『景気と経済政策』『成熟社会の経済学』など。

よりよい教育を政治で選ぶ

—— 広田照幸

‖‖‖ **教育改革を政治的に選択する** ‖‖‖‖‖‖‖‖‖‖‖‖‖‖‖‖‖‖‖‖

学校の教育をもっとよいものにしていきたい——そういう意見には、世の中のほとんどの人が賛成するでしょう。しかし、「学校の教育をもっとよいものにする」とは、具体的にはどういうことなのでしょうか。具体的に考えはじめると、人によってずいぶん考え方がちがってきます。

まずは実現すべき状態（理想・目標）についての考え方が、人によって異なります。「高い学力をもった子どもたちを育てたい」と思う人もいる一方で、「思いやりや優しさをもった子どもを教育で育んでいくべきだ」という人もいるでしょう。「就職する際に直接役に立つような内容の教育をもっと増やすべきだ」と考える人もいれば、「すぐには役に立たなくても、長い人生のいろんな局面で役に立つような教育内容を増やすべきだ」と考える人もいるでしょう。

また、どのようなやり方で実現していくべきなのか（手段）についても、人によって考え方は異なります。たとえば、高い学力をもった子どもたちを育てたいと考えた場合、一方では、テストや評価で教員や子どもを競争させるようにすれば学力が高まるだろうから、そういう改革をしよう、

という人もいます。他方では、本当に子どもが興味・関心をもつような内容や方法で教育をやれるようにすれば、自ずと子どもたちの学力がもっと上がるだろう、と考える人もいます。

　だから、学校の教育をもっとよいものにしたい、という点では一致しても、政策の案には多様な考え方があって、相互に対立しているのだということができます。それゆえ、対立するいろんな政策案の中から何を選ぶのかについての選択が必要です。それが「教育を政治で選ぶ」、つまり特定の教育政策を政治的に選択する、ということです。

　現在の教育政策をめぐる対立には、大きく2種類の対立の軸——つまり政治的な選択肢——が存在しています。以下は、それについて説明します。

‖‖‖ 保守対リベラル ‖‖‖‖‖‖‖‖‖‖‖‖‖‖‖‖‖‖‖‖‖‖‖‖‖‖‖‖‖‖‖‖

　第1の対立軸は、教育の中でどこまで子どもたちの規範や世界観を縛ってしまおうとするのかをめぐる対立です。いわば、多元的な価値観を尊重する教育をよいと考えるのか、それともある特定の価値観を教え込もうとする教育をよいと考えるか、という対立です。

　「リベラルで民主的な体制をとる国家では、道徳や世界観を束縛しないことが市民に対して最大限に保障される」（W・ブレツィンカ『教育目標・教育手段・教育成果——教育科学のシステム化』小笠原道雄・坂越正樹監訳、玉川大学出版部、2009年、182頁）必要があります。それゆえ、教育でも子どもたちが社会の価値観の多様性を理解し、

その中から自分で価値を探し出すことができるようになる教育が重視されています。これを「リベラルな立場」と呼ぶことができます。

　もう一方で、自分(たち)が考える特定の世界観を、教育を通して子どもたちにしっかりと教え込みたいと考える人たちがいます。そういう人たちは、一般に、政治的な左右両派の、特にその両端の部分に存在しています。かつては左派が強かった時代もありましたが、東西冷戦の終結(1989年)などを経て退潮し、特に2000年ごろからは、右派の側のそういう人たちの声が強くなってきています。

　現在の教育政策をめぐる争点の1つはこれです。特に2012年暮れに発足した第2次安倍政権では、ナショナリズムや共同体的道徳を強調する教育に変えようという動きがさまざまに出てきています。自民党は、民主党政権時代(2009年9月〜2012年12月)には、政権から離れて野党になっていました。この野党時代に自民党はずいぶん右傾化していきました。保守というよりも「右翼的」ともいえるような党内グループが強くなったのです。その人たちの影響で、自民党は自分たちの世界観・価値観を公教育の中で教え込ませたいという考えが強くなりました。

　実際に、安倍政権のもとで、自民党は、道徳の教科化や教科書検定の強化などの政策を進めさせてきました。みなさんも新聞報道などで、これらについてごらんになったことがあると思います。同時に、こうした改革に批判的な教員や教職員組合を抑え込もうとする政策案を考えています。教育公務員特例法の罰則規定とか、収支報告を教職員組合に義務付けるよう地方公務員法を改正する案などがそれに

あたります。

　もちろん、それに対する反発はあります。なので、愛国心や道徳を強調するような教育をもっと推進しよう、という保守的立場を選択するか、あるいは、リベラルで多元的な教育を擁護する立場を選択するか、という政治的選択をわれわれはしなければならないのです。

ⅠⅠⅠⅠⅠ **質か量か** ⅠⅠ

　第2の対立軸は、「教育をよくするためにしっかりと税金を投入するのかどうか」という論点です。これは、左─リベラル─右という政治的イデオロギーの対立というよりは、お金がかかる諸政策の中で教育にどれだけ重点をおいて税金を投入するか、という政治的選択の問題です。

　文部科学省や文部科学大臣なんかは、当然のことながら、「教育をよくするためには、もっと教育予算を増やして、教職員を増員するのが望ましい」と考えています。しかし、財務省は「他の予算で必要なものはいっぱいあるから教育予算はできるだけ増やしたくない」と考えています。ここまでは省庁間の綱引きのような話です。

　ここで政治が登場します。さまざまな費目の予算の中で、「教育の分野にはもっとお金を出せ」という政治的な選択を、ときの政権は選択することができます。実際に、民主党政権の時代には、高校の授業料無償化や、すべての子どもへの「子ども手当」の制度化など、思いきった財政支出の増加が行われました。民主党が政権の座についてから進めようとしていた教育改革案の中には、私の目から見ると

「ちょっと危ないなー」と思うものもありましたが、「しっかりとお金を教育に振り向ける」という意味では、民主党はよくやりました。

　しかし、その後の安倍政権のもとでは、教育予算を抑え込みたい財務省の声のほうが強くなっています。教職員の数は子どもの数の減少に合わせて減らしながら、「教育の質」や「教員の質」を高める方向で教育をよくしていけ、という方向に諸政策が動いてきているのです。お金は出さないで、「現場が努力しろ」というわけです。私なんかは、教員の数を増やして現場に余裕を作ることこそが、よりよい教育を実現するためには必要だと思うのですが、それとは対極の方向です。「量ではなくて質だ」というわけです。

　確かに、国の財政は非常に厳しい状況にあります。社会全体の高齢化に伴って、社会保障費がどうしても毎年ふくらんでいっています。1990年代以来、「景気を刺激する」（あるいは選挙の票目当てか？）という目的で採用された相次ぐ減税策の結果、税収の伸びは頭打ちです。そうしたことの結果、巨額の財政赤字を日本の政府は抱えることになっています。

　厳しい財政状況の中でどこにお金を振り向けるか。経済の活性化に結びつきやすい公共事業費とか、高齢者人口が増えていく中でどうしても支出増が必要な年金や医療とかは、予算が増やされていきます。しかし、子どもの数が減っていく中で、長期的に見なければ社会にとっての効果が明確にならないような教育の分野の予算は、なかなか増額への合意が得にくい状況です。財務省の審議会なんかは、義務教育に関わる教員の数について、「十分なリソースが

既に手当てされている」（財政制度等審議会「財政健全化等に関する建議」2015年6月1日）と言い放っている始末です。

　こうした状況を変える政治的選択は可能です。政治の1つの機能は、さまざまな課題の間の優先順位を決めることです。たとえば、ときの政府で「教育予算の増額を、他の諸分野の政策よりも優先せよ」という政治的選択がなされれば、状況は変わります。「教員をもっと増やすべき」と思う人は、そういう主張をしている政党や政治家を選べばよいのです。

‖‖‖‖**有権者として考えるべきこと** ‖‖‖‖‖‖‖‖‖‖‖‖‖‖‖‖‖‖

　1人の人間が政治をがらっと変えることは難しい。でも、政治家を選ぶのは私たちです。もしもみなさんが「教育をよくしたい」と考えるならば、さまざまな政党や政治家が教育政策に関してどういう目標や手段を掲げているのかをよく吟味して、どれが自分の考えに近いかを見きわめて選択してください。多数派でも、少数派でも、自分の考えに近い政治家が議会に出て行くならば、きっとみなさんの願いを、いくぶんかでもかなえてくれるでしょう。いや、仮に自分が投票した政治家が落選したとしても、その政治家はあなたの1票に励まされて、地道に活動を続けていってくれるでしょう。

ひろた・てるゆき　1959年生まれ。日本大学教授。教育社会学。著書に『教育は何をなすべきか——能力・職業・市民』、共著に『高校生を主権者に育てる』など。

少子高齢化社会は
どこへ？

──── 結城康博

|||||間もなく成人式だが||||||||||||||||||||||||||||||||||||||

　読者のみなさんは、あと2年経つと友人らとお酒を飲み交わし、居酒屋などで楽しく盛り上がることだと思います。参考までに20歳に達した2016年新成人数は約121万人でした。しかし、今回、選挙権は18歳からと年齢が早まります。

　戦後の統計において新成人が最も多い世代として「団塊の世代」と言われる1947〜49年生まれが約236万〜246万人。次に「団塊ジュニア」と呼ばれる1971〜74年生まれ世代が、約200万人となっています。今後、この「団塊の世代」が75歳を迎える2025年の新成人数は、わずか106万人と推計されています。

　このように少子高齢化が加速していくと、総人口に占める高齢者層の割合が高くなり、かつ「選挙」の投票率も若者と比べ高齢者のほうが高いことから、諸々の政策決定が高齢者施策に有利に働くのではないかと考える若者も多いのではないでしょうか。

　実際、2014年12月14日に実施された「第47回衆議院議員総選挙」の年齢別投票率は、年齢を重ねるにした

がって高くなっており、たとえば、20〜25 歳が 29.7% なのに対し、70〜74 歳は 72.2% と大きな差となっています。ようやく 75 歳を過ぎると年齢を重ねても投票率は下がるのですが、80 歳以上ですら 44.9% と、35〜39 歳の 44.1% とほぼ同水準となっています。

　ゆえに「どうせ高齢者に有利な政策を訴えた候補者が当選するのだから、若者にはあまり恩恵がないのが「政治」だ！」と思っている人も少なくないでしょう。若い世代に関係する「国公立大学の授業料値上げ問題」「子育て施策」「若者の雇用問題」などといった政策よりも、年金、介護、医療の「充実」といった施策を訴える候補者が有利になるのではないか、と。

‖‖‖‖ **高齢者施策と子育て施策は車の両輪** ‖‖‖‖‖‖‖‖‖‖‖‖‖

　しかし、これらの「充実」は、必ずしも若者に関係がないわけではありません。2014 年、女性が第一子をもうける平均年齢は 30.6 歳、第二子となると 32.4 歳となっています。また、女性が子を産む年齢別割合において 35 歳以上が 27.6% を占めており、年々、「晩産化」傾向が加速化しています。このことはつまり、18〜22 歳といった大学生の子を持つ親は、50 歳を超えるのが一般的となりつつあることを意味します。

　いっぽうみなさんの祖父母の年齢となると、70 歳を超えることが多いのではないでしょうか。70〜74 歳において介護が必要となる要介護率は全高齢者のうち 6% ですが、80〜84 歳となると 29% と 4 倍以上になり、年齢を

重ねる度に割合が高くなります。

　一方で 18 歳人口に占める大学、短大、高等専門学校、専門学校といった高等教育機関への進学率は、2013 年に 80% となっています。そして、親の子育てに関する不安として「大学等の教育費」との回答が 68.9% を占め、就学前教育費等 34.8%、小中高の学校教育費 31.5% を大きく引き離しています。

　つまり、みなさんの親世代に目を向ければ、自分の親（＝みなさんの祖父母）の介護とみなさんの教育費の「ダブルケア」とも言われる、「介護・子育て族」が大多数ということになるのです。

|||||高齢者施策が「充実」しなければ |||||||||||||||||||||||||

　もし、高齢者施策が「充実」することなく、むしろ削減される方向へ政策が動いていけば、間接的にみなさんの生活にも大きな影響が生じます。

　具体的には公的介護施設に入所できなければ、経済的負担が重い有料老人ホームを選択することになりますが、毎月 20 万円前後の費用がかかるため、子（＝みなさんの両親）から数万円の仕送りをする必要が出てくる可能性がきわめて高いのです。または、公的在宅ヘルパーが使いにくくなれば、1 時間あたり 3000 円程度の全額自費負担となるサービスを頼むことになるでしょうが、その場合も経済的支援を求めるケースが増えるか、直接、子（＝みなさんの親など）が介護に携わる機会が増えることでしょう。

　現在、親の介護のために自分の仕事を辞めてしまう「介

護離職」の問題も生じており、年間、その数は約 10 万人に達しています。そうなれば、みなさんがアルバイトを増やして家計を援助する、奨学金を多く借りるなど、孫の代であるみなさんの生活にも大きな影響を及ぼしかねません。

さらに、みなさんが 50 歳に達する時期と現在の両親世代の社会状況とを比べた場合、社会構造はまったく異なり、少子高齢化問題はさらに深刻化しているでしょう。なぜなら、人口構成割合が高い 70 歳を過ぎた「団塊ジュニア世代」を、人口減少が続いているみなさんの少ない世代で支えなければならないからです。

現在の両親以上に、保険料や税金といった社会保障費の負担が強いられることとなるでしょう。しかも、既述の公的な介護サービスなども、今以上にサービスが削減されている可能性が高くなり、親の介護に関する負担も重くなると思います。

|||||**安易な財源の奪い合いは危険** ||||||||||||||||||||||||||||

みなさんは、これから年を重ねるにしたがって、さまざまな人生設計を思い描いていることでしょう。「結婚して子どもをもうけ、仕事と家庭を両立させる」「専業主婦（夫）となって子育てに専念する」「大学を卒業して、結婚よりも仕事に専念する」など。そのためにも「親の介護」「子育て」施策は、両者ともに「充実」させなくてはなりません。

最近、日本全体の財政事情が厳しい現状から、一部からは、日本の社会保障給付費約 115 兆円（厚労省資料より）

のうち約7割を占めている高齢者関連費の割合を見直して、その分の費用を少子化対策といった子育て支援にまわすべきではないかとの声が聞かれます。いわば「高齢者には、少し我慢をしてもらって、未来のある子どもに限られた財源をまわそう」という考え方です。

しかし、高齢者関連費を削減して少子化対策費に振り替えれば、年金、医療、介護といったサービスが削減され、これまで述べてきたように、最終的にはみなさん孫の世代にも影響を及ぼしかねません。むしろ、高齢者関連費を「充実」させてサービスを拡充させながら、子育て施策の費用も「充実」させる必要があるのです。

‖‖‖‖ 高齢者間で助け合う「世代内扶養」への転換を ‖‖‖‖

そうはいっても、今後の少子化対策・高齢者施策の「充実」のための財源を、どう工面すればいいのかと疑問に感じる人も多いはずです。おそらく「さらに消費税を引き上げる」「国会議員の給与を減らす」「無駄な公共事業を止めればいい」などと考える読者もいるでしょう。たしかに、国や自治体の「お金」の使い方を見直すこと、国民全体の負担の在り方を考えることは大切です。しかし、それだけでは、子育て支援策や高齢者施策のための充分な財源を確保することはできません。

一口に高齢者といっても、かなり資産を有している人もいれば、低所得者もおり、現役世代と比べてその格差は拡大する傾向にあります。具体的には1億円の預貯金がある人であっても、まったく資産がない高齢者でも、毎月の

収入となる年金額が同じ 5 万円程度であれば、両者とも同じように低い負担しか課されません。このように現在の社会保障制度では、豊かな高齢者が経済的に厳しい高齢者を助けるといった「世代内扶養」の仕組みが薄いといえます。

　ゆえに、当面、高齢者施策を中心とした財源を確保するためには、裕福な高齢者層の税金や保険料などの負担を重くして、経済的に厳しい高齢者層を支援する、「世代内扶養」のシステムを強化すべきではないでしょうか。

　従来、若い層が高齢者層を支える「世代間扶養」の仕組みが、医療、年金、介護といった社会保障制度の基本原理でした。しかし、人口構造の変化により、同じ時代を生きた高齢者同士で支え合う仕組みを強化する必要があります。むしろ、早急に「世代間扶養」から「世代内扶養」へ社会保障制度の転換をしない限り、読者のみなさんの未来は、税金や保険料の負担で厳しいものとなります。

　ぜひ、みなさんの長期的な人生設計を見据えながら、決して短期的な社会情勢に捉われることなく、どのような少子高齢化施策が求められるかを、選挙権が 18 歳からに拡大されたのを機に考えてみてはいかがでしょうか。

ゆうき・やすひろ　1969 年生まれ。淑徳大学総合福祉学部教授。専攻は、社会保障論・社会福祉学。著書に『介護』『日本の介護システム』『在宅介護』など。

若者は安心して働けるのか？

——————— 坂倉昇平

ⅠⅠⅠⅠ 権利行使ができない日本の労働 ⅠⅠⅠⅠⅠⅠⅠⅠⅠⅠⅠⅠⅠⅠⅠⅠⅠⅠ

　私は2006年に若者の労働相談を受けるNPO法人POSSEを立ち上げ、10年にわたり労働相談に取り組んできました。2014年には労働組合として総合サポートユニオンやブラックバイトユニオンを発足させ、企業と改善に向けた交渉をしながら相談の解決のサポートをしています。

　近年は、学校を卒業して就職したばかりの若者を長時間労働やパワーハラスメントで心身を消耗させて使い潰す「ブラック企業」や、学業や進路に配慮せずに学生を使い潰す「ブラックバイト」の相談が増え続け、労働問題は深刻化しています。

　労働は、私たちが生きていく以上、誰にとっても身近な問題です。それにもかかわらず、不当な働かせ方に対して、日本では多くの人が権利を行使することができていません。それは一体なぜなのでしょうか。そして、どのような政策が必要なのでしょうか。

　そもそも、職場で権利を行使するとはどういうことでしょう。労働者は一般的に会社で働くとき、これだけの賃金

で、これだけ働くという内容の契約（労働契約）を結びます。この契約の内容が、労働者が権利を行使する根拠になります。契約に沿わない条件を指示されたら「約束と違うのでその命令には従えません」「約束どおりの給料を払ってください」「約束を破った補償をしてください」などと、権利を主張することができます。

　ところが、この労働契約が日本では軽視されてきました。欧米社会の労働契約では、仕事内容（職務）の範囲や賃金が明確に決められており、それにもとづいて自分の権利を主張するのは自然なことです。一方、日本の労働契約は曖昧で、どんな仕事をするかが具体的に書かれていないケースがほとんどです。労働者にとっても職務ではなく「会社への所属意識」が優先され、どんな仕事を命令されるかは会社に「お任せ」の状態になってきました。

　その背景にあるのが、日本型雇用です。具体的な契約で約束しなくても、企業は年齢や働いた年数、会社への態度に応じて給料を上げ（年功賃金）、労働者を定年まで雇い続ける（終身雇用）という「慣習」があり、労働者は企業がこの「見返り」を与えてくれるという「信頼」のもとに働いてきました。

　しかし、いまではブラック企業やブラックバイトが台頭し、どんな仕事でも命令できる「信頼」をいいことに、若者を何の配慮もせずに使い潰してきます。それにもかかわらず、労働契約を確認せず会社を信頼する慣習はいまだに根強いです。会社への無条件の信頼を捨て、労働者が権利を行使できる社会に変えていかなくてはなりません。そのために、どのような政策が必要なのでしょうか。

企業を規制する「ルール」をつくろう

労働者が契約にもとづいて権利を行使しようとしたとき、現実には生活のために仕事を選ぶ余裕がなかったり、職場内での経営者との力関係もあったりして、劣悪な労働条件を受け入れてしまうケースが珍しくありません。労働者は経営者に比べて立場が弱いため、「ルール」と「仲間（労働組合）」による支えが必要となります。ここからは主に、契約を補って企業を規制するルールについて説明します。

「求人詐欺」をなくそう

まず、労働条件を確認できるようにするために「求人詐欺」対策が必要です。実際と異なる、あるいは紛らわしい求人情報を提示して、若者を騙して募集する手口が蔓延しており、正確な労働条件の確認が妨げられています。

たとえば「月給21万円とホームページに書いてあったのに、本当の基本給は16万円。残りの5万円は残業代だった」という手口が代表的です。これは決まった額の残業代をあらかじめ月給に組み込み、給料を高く見せかける「固定残業代」という手法です。

こうした求人詐欺に有効な対策は取られていません。国の求人機関であるハローワークでも、虚偽の求人情報を排除できません。また現行の法律では、求人詐欺で会社を罰することもできません。

対策案としては、会社に対して、求人情報が実際の労働条件と違わない、それ以下にならないということを明記さ

せるという方法があります。また、求人の段階で労働条件をしっかり確認できるように、固定残業代のような紛らわしい求人情報の掲載の禁止や、悪質な求人詐欺を取り締まることのできる制度が求められます。

長時間労働に規制を

次に、長時間労働に対するルールが必要です。日本では、長時間の仕事によって労働者が亡くなる、世界的に稀な「過労死」が蔓延しています。この原因の1つとして、職務が曖昧であるため、膨大な量の仕事を命令されても断りづらいことが挙げられます。もう1つは、長時間労働に対して、実効力のある規制が法律で定められていないという問題です。

有効な対策の1つが、1日働いたあと、一定時間は強制的に休ませなければいけないという最低連続休息時間制度（勤務インターバル制度）です。EU諸国では連続11時間の休息時間が定められており、夜9時まで働いたら朝8時まで出勤できません。日本でもこの導入が急がれます。実効力のある労働時間の上限規制も重要です。EU諸国では労働時間は週48時間までと決められ、それ以上働かせることはできません。この水準を目指していくべきでしょう。

同一労働同一賃金、最低賃金引き上げ

次に賃金にルールをつくることです。ほかに就職先がな

く、低賃金の非正社員として働く若者が増えていますが、非正社員の賃金は高くても正社員の 6 割程度にすぎず、生活が難しいと言えます。非正社員が低賃金なのは、日本では正社員で働く父親が家計の主な担い手とされ、非正社員はあくまで主婦や子どものアルバイトであり家計の補助的なものとして考えられてきたからでした。しかし、親や家族に頼らず自分で生計を立てているにもかかわらず、非正社員になる人が近年増加しており、賃金格差の不当さが際立っています。

　政府では 2016 年から「同一労働同一賃金」の法制化が議論されています。これは正社員・非正社員という区分ではなく、職務ごとに賃金水準を決める仕組みです。職務にもとづいて労働契約をかわす欧米社会では、そもそも同一労働同一賃金が一般的です。これを本当に実現するのであれば、評価すべきでしょう。

　ただし欧米型では、この職務であればこれだけの金額であるという水準が、どの企業にも適用される共通ルールになっています。日本でも職務を明確にして、社会的な賃金水準をつくれるかが注目されます。また欧州のように、企業がこの原則を逸脱した場合、企業がその理由を説明する責任を負う仕組みも実現させる必要があるでしょう。

　賃金については最低賃金の引き上げも急務です。2015 年 11 月現在、最低賃金の全国平均は時給 798 円ですが、安倍政権では年 3% 程度をめどに上昇させ、（計算すると 2023 年に）全国平均 1000 円を達成すると宣言しています。より速やかに、全国 1000 円以上を実現し、近い将来に 1500 円を目指していくべきでしょう。

‖‖‖‖「定額働かせ放題」制度 ‖‖‖‖‖‖‖‖‖‖‖‖‖‖‖‖‖‖‖‖‖‖‖‖‖‖

　一方で、政治家や財界がいまあるルールを「規制緩和」し、ブラック企業を推進する動きもあります。これらを止めることが重要です。

　まず、長時間労働の規制に逆行する制度が検討されています。2015 年、政府は「特定高度専門業務・成果型労働制」（高度プロフェッショナル制度）という、特定の業務をする年収 1075 万円以上の労働者に残業代を払わない制度を閣議決定し、法律に定めようとしています。

　1 日 8 時間を超えて働いた場合や、深夜 22 時以降の労働、休日勤務に対しては、通常の賃金に上乗せして割増賃金を払わなくてはなりません。長時間働かせれば、多額の残業代を払わなくてはならず、企業は長時間労働を躊躇することになります。しかしこの制度では、定額の賃金でいくらでも働かせられます。いわば「定額働かせ放題」制度なのです。

　また、対象となる年収や業務は国会で決める法律ではなく、厚生労働大臣が決める「省令」に定められるので、容易に拡大されることが予想されます。この制度によって、成果に応じた賃金が払われるようになるという議論がありますが、法案では成果の基準をどうするのかは定めていません。それに職務の曖昧な日本では、成果の基準も際限なく高く設定され、長時間労働がさらに促進されるでしょう。

解雇規制の緩和

　さらに、政府は解雇規制の緩和を検討しています。解雇は正当な理由がないと、することはできません。しかし、決められた水準の金額を払えば、理由を問わずに解雇できるようにするという案が議論されています。

　現時点でも、「会社に文句を言ったから」など法的には認められない理由で解雇をしてくる会社は珍しくありません。解雇規制が緩和されれば中高年正社員が解雇され、若者が正社員として雇用されやすくなるという都合のよい意見もありますが、若者がこれまで以上に解雇されやすくなることは明らかです。

ブラック企業を取り締まれない

　規制緩和と関連して、違法行為を犯した企業を取り締まる労働基準監督署の監督官が減らされている問題があります。

　現在、全国の労働基準監督署の現場で監督業務に携わる監督官は、約 1500 人程度です。東京 23 区で 120 名程度しかおらず、監督官 1 人あたり平均 3000 もの職場を管轄しています。実際に全国の職場のうち監督官が調査できているのは毎年 4% どまり。96% が野放しなのです。

　そのうえ現場の監督官が減らされています。政府が国家公務員の定員削減を方針としており、2015〜19 年までに 10% の削減が予定されています。地方の労働行政を担当する国家公務員は、すでに 2006〜15 年までの 10 年

で約 2000 人も削減済みです。監督官の数自体は例外的にやや増えているのですが、削減された他の労働行政職員の代わりを補うため、現場で活動できる監督官は結局減少しています。労働行政全体の職員削減を止め、大幅な増員に転換しなければなりません。

|||||**労働から民主主義を実現しよう** |||||||||||||||||||||||||

　このまま企業の短期的な利益のために、過労で会社に使い潰される若者や、貧困な若者が増え続けると、結婚や子育てもできず、少子化がますます促進され、社会の担い手がいなくなってしまいます。そこに歯止めをかけるために、「会社任せ」をやめ、社会的なルールをつくることが大切です。

　ただし、政策によってルールをつくっても、最終的に権利を行使するのは、自分自身になります。そこで支えになるのは、労働組合です。労働者が支え合って、会社と交渉しやすくなり、会社を改善することもできます。ルールと労働組合による職場での権利行使こそが、これからの民主主義の基礎となるのではないでしょうか。

　　さかくら・しょうへい　1983 年生まれ。NPO 法人 POS-
　　SE 理事、雑誌『POSSE』編集長。若者の労働問題
　　に携わる。

「地方」の政治を
どうする？

——— 砂原庸介

|||||若者が参加しない選挙|||||||||||||||||||||||||||||

　まずは次ページのグラフを見てください。このグラフは、2015年5月15日に大阪市で行われた「特別区設置住民投票」、いわゆる大阪都構想の住民投票を受けて行われた年代別投票率の調査結果です。さらにグラフには、2011年に橋下徹氏が大阪市長に当選した選挙の年代別投票率、そして2015年4月の統一地方選挙で実施された大阪市会議員選挙の年代別投票率が示されています。

　大阪都構想をめぐる住民投票は、非常に僅差で「反対」が「賛成」を上回り、大阪市を特別区に分割する構想は否定されました。その背景にある要因としてしばしば指摘されたのが、いわゆる「シルバー・デモクラシー」、つまり現状維持を追求する高齢者ばかりが選挙に参加し、現状を改革しようとする若年層がなかなか選挙に行かず、結果として高齢者が望む政策が実現するという図式です。世論調査の結果を見ると、たしかに若年層は相対的に大阪都構想の提案に「賛成」であり、高齢者は「反対」を示す傾向にあったようです。

　ところが、このグラフからは、少し違った傾向が見えて

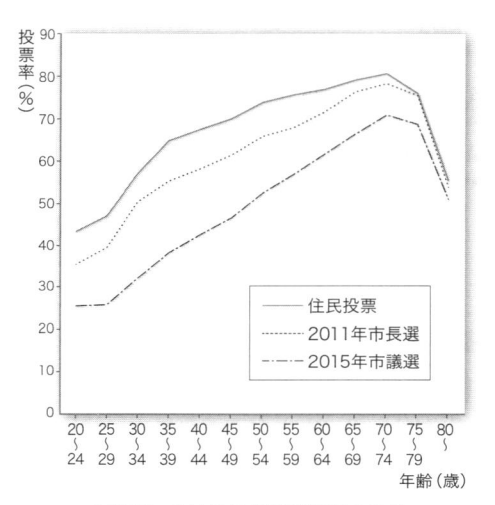

大阪市における年代別投票率の結果

きます。つまり、大阪都構想をめぐる住民投票は、相対的に若年層が幅広く参加した選挙であって、その直前に行われた大阪市会議員選挙のほうこそが、若年層と高齢者の選挙への参加の度合いが激しく異なっている選挙なのです。さらに、大阪市選挙管理委員会が示すデータによれば、この傾向はここ３回の市会議員選挙を通じてまったく変わっていません（それを示すグラフは119ページ）。

　このグラフからは、「シルバー・デモクラシー」などということを問題として問うことがあるとすれば、大きな争点となった住民投票それ自体よりも、市民の代表として市会議員が選ばれて「大阪都構想」について議論し修正を加えていく、住民投票に至るまでのプロセスではないか、という疑問が浮かびます。将来の大阪をどのように作ってい

くかという提案を策定していく過程が、「シルバー・デモクラシー」の影響を受けてきたのではないか、ということです。そして、この問題は、これから考えていくように、地方議会の選挙制度と大きく関わっています。

‖‖‖‖ 候補者個人を選ぶ地方議会選挙という問題 ‖‖‖‖‖‖‖

　何も大阪市が特別というわけではありません。すべての市町村が地方議会における年代別投票率を発表しているわけではないのですが、都市部の自治体では 20 代の投票率が 20% を切ることは珍しくありません（読者のみなさんにはぜひ自分が住む地域の年代別投票率を調べてほしいと思います）。「国政選挙でも若者の投票率が低くなっているじゃないか」と思われるかもしれませんが、地方選挙における低投票率ほどではありません。公益財団法人明るい選挙推進協会の調査によれば、2009 年総選挙における 20 代の投票率は 49.25% とほぼ 5 割ですし、全体の投票率が低かった 2014 年の総選挙でも、過去最低であるとはいえ 32.58% の 20 代が投票に行っています。

　なぜこのような現象が起こるのでしょうか。その原因は、地方議会の選挙制度にあると考えられます。地方議会では、「中選挙区制」あるいは「大選挙区制」と呼ばれる選挙制度が採用されていて、1 つの選挙区から複数の候補を、有権者が 1 人 1 票を投じるかたちで選び出すことになっています。その結果、多いところでは 50 人もの議員を選ぶ選挙区が設定され（東京都世田谷区・大田区、千葉県船橋市、鹿児島県鹿児島市）、場合によっては 100 人近い候補

者が立候補することになります。そのような定数50人の選挙区は極端ですが、おおよそ定数20〜30人に対して30〜40人は立候補するような市は少なくありません。

このような選挙制度では、有権者は政党ではなく候補者個人に対して投票することになります。もちろん、候補者の経歴や政見を掲載した選挙公報を詳細に読んで、自分と一番考え方が近い候補者を選ぶ、というのは望ましい選び方でしょう。しかし自治体によっては選挙公報が発行されていないところもありますし、何よりも何十人もの知らない候補者の主張をつぶさに理解して、誰が自分にとって一番好ましいかを判断するのは簡単ではありません。しかも、地方議会選挙ではそれだけ多数の候補者が立候補して、同じ政党同士で競争することも少なくないですから、どの政党に所属しているかだけでは判断できないのです。

ⅠⅠⅠⅠ **選挙のために必要な知識** ⅠⅠⅠⅠⅠⅠⅠⅠⅠⅠⅠⅠⅠⅠⅠⅠⅠⅠⅠⅠⅠⅠⅠⅠⅠⅠⅠ

そのような地方議会選挙で有権者の判断を助けるのは、候補者についての知識です。たとえば、どの候補者が自分の小学校区から立候補しているのか、自治会や町内会がどの候補を推薦しているのか、などという情報を得ることで、誰に投票するのが自分にとって一番好ましいかを判断できるようになっていくのです。

候補者の側も、自治体の有権者全体に対してきわめて少ない得票で当選できるので、自分のことを知っているであろう限られた有権者に対してアピールするようになります。反対に言えば、そのような知識を持たない人にとっては誰

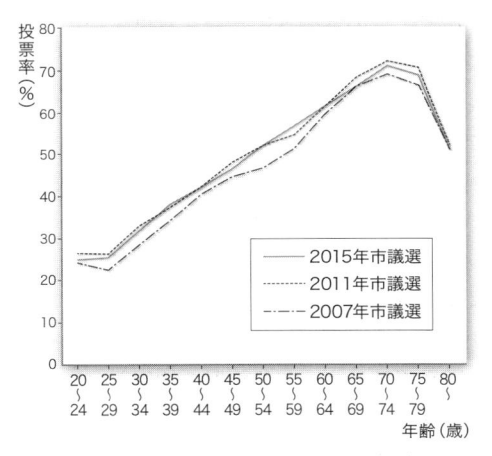

大阪の市議会議員選挙の年齢別投票率

に投票してよいものか簡単にはわかりません。そして、都市部の若年層というのは、まさにそのような知識をなかなか持っていないことが多いのです。言ってみれば、選挙運動中のけたたましい街宣車の音も、よく知っている人には候補者が挨拶に来たようなものですが、知らない人にはただの騒音、というようなことになります。

　先ほど挙げた大阪市選挙管理委員会の調査では、2007年、2011 年、2015 年の年代別投票率も発表しています。そのグラフを見ると、「どの選挙も同じような結果だね」と思われるかもしれませんが、重要なのはそれぞれの選挙の間に 4 年という時間が流れている点です。2007 年に20 代であった人たちは年をとり、2015 年には 30 代になっていますが、このときは、2007 年の 30 代程度には選挙に参加しています。これは、地域での暮らしが定着し

ていくことで、どの候補者に投票すればよいのか、ある程度理解できるようになっていくことをまさに示していると考えられます。候補者の背景や人となりについてよく知っておくことは選挙に参加するための要件だと主張する人もいるかもしれません。しかし現在の地方議会の選挙制度は、候補者についての知識をまだあまり持たない若年層や外から移動してきた人を排除することになってしまうのです。

　このように整理すると、116 ページのグラフで示された 2011 年の大阪市長選挙や 2015 年の住民投票では、大阪市会議員選挙と比べて若年層の投票率が高いこともわかりやすくなります。大阪市長選挙は「1 人」を選ぶ選挙であり、住民投票は「賛成」か「反対」かを選ぶ選挙です。候補者の背景や人となりについて詳しく知らない若年層にとっても選択しやすいのです。そのような選挙は地元の具体的な利害を直接反映できるようなものではなく、より抽象的で不確かな利益をめぐるものになるという批判があるかもしれません。しかし、具体的な利害をめぐる選挙だけでは、投票できる、投票に行こうと思う人々にとって敷居の高い選挙になってしまうのです。

‖‖‖ 選挙制度が異なることによる弊害 ‖‖‖‖‖‖‖‖‖‖‖‖‖‖‖‖

　地方議会の選挙制度は、若年層が参加する敷居を高めているだけでなく、参加しようとする若年層を混乱させて、選挙から遠ざける可能性もあります。それは、地方議会の選挙制度そのものが、国政選挙や知事選挙、市長選挙などとはまったく異なる候補者間の競争が行われる原因を作り

出しているからです。

　国政選挙は、衆議院議員総選挙が小選挙区比例代表並立制であることが大きく、この 10 年は自民党と民主党という「二大政党」を中心として、一定の組織を備えた政党（公明党・共産党）と都市部の新党（みんなの党や維新の党）が絡むようなかたちで選挙が行われてきました。有権者としては、自民党・公明党（2012 年の場合は民主党）という政権を評価するかどうかという観点で投票に臨むことが可能であったと考えられます。

　それに対して地方議会選挙では、すでに説明したように、候補者中心の選挙となっていて、政党が前面に出てくることはほとんどありません。さらに自治体で 1 人を選ぶ知事選挙や市長選挙では、国政選挙や地方議会選挙で競争している政党が「相乗り」するかたちで同じ候補者を支援することが多く見られています。それぞれの選挙ごとに考えて投票すればよい、というのは簡単ですが、特に選挙にそれほど親しみのない若年層にとっては、毎回の選挙で競争の構造が異なっていて、そのたびごとに違う基準で判断を迫られるのは面倒でしかありません。政治に対して適切な期待を抱くことも困難であり、投票する経験を持たないために、投票しない習慣が身についていくことにもなりかねません（このような「学習」の重要性は、たとえば荒井紀一郎『参加のメカニズム』で議論されています）。

　そのような「政治離れ」を防ぎ、若い時期から適切な政治参加を続けるためにも、個人投票を中心とした地方議会の選挙制度は見直されるべきでしょう。とはいえ、自治体を細かく選挙区に分けたうえで、小選挙区制で選挙を行う

ことは現実的ではない以上、非拘束名簿式比例代表制など、現在の制度と一定の連続性をもたせた制度が検討されるべきだと思われます（具体的な検討については、たとえば砂原庸介『民主主義の条件』をご覧ください）。そのような変更で、選挙制度の面から若年層の参加をうながすとともに、これまで排除されてきた若年層の民意を地方議会に反映することを目指すのが、今後の地方政治を健全なものにする第一歩となるはずです。

　どのような選挙制度であっても、よく考えて一番良い人を選べばいい、と思われるかもしれません。しかし今の地方議会の選挙制度は、一番良い人を選びにくいうえに、新しく選挙に参加する人にやさしくないものになっています。私たちは、選ばれた政治家の質が悪い、と言いがちですが、その前に「どうすれば良い政治家を選ぶことができるか」を考えるべきでしょう。私たちの代表の選び方は、あらかじめ決められたものだけではないのです。

すなはら・ようすけ　1978 年生まれ。神戸大学大学院法学研究科准教授。専門は行政学、地方自治。著書に『民主主義の条件』『大阪 ── 大都市は国家を超えるか』など。

医療が危ない！

———— 堤 未果

‖‖‖ 日本の「宝物」‖‖‖‖‖‖‖‖‖‖‖‖‖‖‖‖‖‖‖‖‖‖‖‖‖‖‖‖‖‖‖‖‖‖

「気をつけてください。どんなに素晴らしい宝物を持っていても、その価値に気づかなければ、簡単に奪われてしまいますから」

これはアメリカで取材したハーレム地区の内科医ドーン博士の言葉です。当たり前だと思っていたものが、失ってみて初めてすごく大切だったことに気づく、みなさんはそんな経験をしたことがありますか？

実はここ日本にも、国民の多くがその価値に気づいていない「宝物」がたくさんあるのです。

ドーン博士の住むアメリカでは、医療は「ビジネス」です。治療も薬も医療保険も高額で、お金のある人は良い治療を受けられますが、お金のない人は十分な治療を受けられません。毎年何万人もの国民が医療破産したり、手遅れになっていのちを落としてゆくアメリカで、ドーン博士は私に向かって、日本の医療制度を「宝物」と呼んだのでした。

先進国でもアメリカのように、民間保険中心の国もあれば、大半の国民が保険を持たない国も多い中、保険証 1

枚でいつでもどこでも誰でも治療が受けられる日本の「国民皆保険制度」は、とても恵まれているのです。

　他国に比べ医療費を低く抑えているのに乳幼児死亡率は低く、世界有数の長寿国である日本。2000 年には WHO（世界保健機関）から「世界一」と評価され、現在までに50 カ国が同じ制度を導入するモデル国。手術しても入院しても、毎月の自己負担が一定以上になると払い戻しがされる「高額療養費制度」に至っては、海外で話すたびに「信じられない！」と羨ましがられます。

　でも果たして私たち日本人は、この制度の価値をどれだけ知っているでしょう？

　1961 年に全国で「国民健康保険事業」が始まるまで、日本でも約 3000 万人が保険を持たず苦しんでいました。それを、病気になったらすぐ近くの病院に行き、日本中どこでも同じ医療を同じ費用で受けられる今のような「国民皆保険制度」にしたのは、「お互いさま」という「共済」の精神であり、戦後日本の社会保障の基礎となった、全国民に最低限度の生活を営む権利を保障する憲法 25 条なのです。半世紀以上たった今も、細かい改善点はありますが、その根底にあるものは変わっていません。

　いのちは永遠じゃない。人は誰でも立場にかかわらず、自分や家族が病気や事故にあうリスクを抱えながら生きている。だからこそ安心して暮らせるよう、国が国民のいのちと健康に責任を持ち、このしくみを守ってゆく。成功した社会保障モデルとして世界で評価されるこの「国民皆保険制度」が、日本が世界に誇る「宝物」である理由が、わかるでしょうか。

でもドーン博士が言うように、どんなに素晴らしいもので
も、その価値を忘れ、感謝しなくなってしまった時から、
危機は忍び寄るのです。特に私たちにとって「空気」のよ
うな存在が、他の誰かにとって「大きな利益」になる場合
には。

‖‖‖‖‖**「医産複合体」**‖‖‖‖‖‖‖‖‖‖‖‖‖‖‖‖‖‖‖‖‖‖‖‖‖‖‖‖‖‖‖‖‖‖‖

　医療が「助け合い」でなく「ビジネス」である、アメリ
カを見てみましょう。
　この国では薬の値段を製薬会社が自由に決められるため、
びっくりするほど高い値段がついています。薬だけでなく
治療費も高く、日本のように国が医療の質とアクセスを守
る制度がなく、国民は自己責任で民間の医療保険に入らな
ければなりません。4人家族なら年間平均200万円かか
ると言われ、保険料は毎年値上がりするため、大手医療保
険会社もとても儲かります。
　製薬会社と医療保険会社を中心とするこの「医産複合
体」は、政府が社会保障削減と大企業優遇の規制緩和を始
めた80年代から、どんどん巨大化してゆきました。業界
内で吸収合併が繰り返されるうちに自由競争は消え、グロ
ーバル化で多国籍化した大企業が市場を独占して、アメリ
カで最も力を持つ業界へと成長したのです。彼らは巨額の
政治献金で政治家を動かし、自分たちに都合のいい法律を
次々に作らせ、ワシントンを私物化していきました。
　「政治を買う」というこの手法が、民主主義国家である
はずのアメリカを、徐々に「株式会社国家」に変えていっ

たのです。多国籍の株主を持つグローバル企業にとっては、世界全体が市場──。アメリカで法外な利益をあげた彼らが次に目をつけたのは、他でもないここ日本でした。世界の薬の4割を消費する超優良顧客で、治療の9割が国民健康保険（税金）で支払われる日本。ここに高額な新薬や医療機器をたくさん売ろう。そのうち公的保険で払いきれなくなれば、保険証1枚では足りなくなって、民間医療保険も売ることができるだろう。日本の医療を自由化してアメリカ型にすれば100兆円市場になる。投資家たちはそう言って、熱い視線を注ぎ始めたのです。

|||||**不都合な事実**||||||||||||||||||||||||||||||||||||||||

　みなさんは「日米関係」というと、何を連想しますか？　安全保障、外交、経済、文化でしょうか？　実は私たちの生活やいのちと直結する「医療」から紐解かれた日米関係の歴史は、あまり聞いたことがないのではないでしょうか？　アメリカの著名な歴史学者ハワード・ジンは、歴史を学ぶことの大切さをこう語っています。「歴史を学びなさい。何故なら私たちを、政府のいうことを鵜呑みにせず、自らの頭で考えられるようにしてくれるからです」

　アメリカを拠点にした医産複合体が日本に手を伸ばし始めたのは、80年代の中曽根政権、日本人が右肩上がりのバブル経済で浮かれ騒いでいた頃でした。

　このとき中曽根総理がレーガン大統領との合意で始めた「MOSS協議（市場志向型分野別協議）」によって、日本の医薬品と医療機器に関する輸入の承認・認可・価格設定は、

事前にアメリカに相談しなければならなくなりました。この不平等条約により、それまで好調だった日本の医療関連品輸出は逆転、90年代以降はずっと海外からの輸入超過状態となっています。

　政府とマスコミはよく、「少子高齢化で日本の医療はもたなくなる」と繰り返しますが、医療費を押し上げている最大の原因が、実はこの時以来ずっと海外から割高で買わされている薬と医療機器であることや、そこに至るまでのこうした日米の政治的背景は伝えられません。そしてまた、政府が憲法25条を無視して国庫負担を減らしてきたために、本当は諸外国と比べて日本の医療費はかなり安いのに、国民の自己負担率はとても高いという、もう1つの不都合な事実の方も。

　それ以来アメリカは日本に圧力をかけ続け、時の政府はそのたびに、国民皆保険制度を維持するささやかな抵抗をしながらも、少しずつ規制を緩めてきてしまっています。

　医療は巨大な利益を生む市場です。最近では日本政府への直接圧力だけでなく、アメリカを含む12カ国で参加国の国内規制を一気に撤廃するTPPのような国際条約で、じわじわと外堀を埋めてきています。これなら医療分野に限らず、多国籍企業や金融業界、投資家たちがビジネスをしやすいよう、各国議会を通さずに規制を緩めることができるからです。製薬会社を始め、巨大化したグローバル企業は多くの国でマスコミ各社の株主にもなっているため、こうした一連の動きはテレビや新聞ではなかなか知らされません。私たちの知らないところで、国境を越えたこの巨大なゲームは、どんどん進んでいるのです。

‖‖‖‖「民主主義」に息を吹きこむのは私たち ‖‖‖‖‖‖‖‖‖‖‖

　長い間のアメリカ取材で繰り返し教えられたこと、それは、戦うべき敵を決して間違えてはいけないということです。

　「民主主義」も「憲法」も、そこにあるだけでは美しい理想にすぎません。私たち国民が息を吹き込んで、初めて動き出すのです。そのためには歴史を知ること、政局ではなく制度をみること、空気のようにその価値が忘れられている「国民皆保険制度」のような宝物が、日本にたくさんあることに気づくこと。人間はかけがえのないものに出会ったとき、それを守ろうと立ち上がりたくなる生き物なのです。自分の頭で考え、決めて、行動する国民は、そう簡単に騙せません。大切なものをいくつも見つけ、自分や家族が住みたい幸福な社会を頭に描き、それを伝え続けてください。

　この国の状況が、政治が、今どんなに暗く見えたとしても、悲観することはありません。私たちが傍観者でなく「主権者」になったとき、未来は限りなく未知数になるからです。

つつみ・みか　国際ジャーナリスト。著書に『ルポ　貧困大国アメリカ』(Ⅰ・Ⅱ)『(株)貧困大国アメリカ』『沈みゆく大国アメリカ』『社会の真実のみつけかた』など。

18歳から、 戦争と安全保障を考える

—————— 柳澤協二

|||||**日本を守るために** |||||||||||||||||||||||||||||||||||||||||

　「アメリカの船を守れば、日米が一体であることが示されて抑止力が高まる。だから、日本が戦争に巻き込まれることはなくなる」。2015年5月、安保法制を閣議決定した際の記者会見で、安倍晋三首相が述べた考え方です。

　アメリカの船を守ることは、アメリカの船を攻める国から見れば、日本が敵になることでもあります。相手は、日本を攻撃するかもしれません。「アメリカの船を守れば戦争に巻き込まれる」と考えるほうが道理にかないます。だから、集団的自衛権は使わない。それが、戦後日本が一貫して採用してきた方針です。なぜ今日、首相のような議論がまかり通るのでしょうか。

　戦後日本は、世界最強の米国の庇護のもとに安全を確保してきました。その代償として、日本は多くの米軍基地を受け入れ、米国の世界戦略に異議を唱えない政治的従属に甘んじてきたのです。日本の基地は、朝鮮戦争、ベトナム戦争の出撃拠点として、また、イラク戦争の中継拠点として米国の戦争を支えてきました。日本は、集団的自衛権を自ら禁じることによって、米国の戦争に巻き込まれないよ

うにしてきたのです。

　今日、中国が台頭し、対テロ戦争で傷ついた米国は、もはや世界の警察官ではないと公言しています。このままでは、米国は、日本を見捨てるかもしれない、という漠然とした不安が出てきました。そこで、集団的自衛権を解禁して米軍の船を守ることで、米国を日本につなぎ留めたい、というのが、安倍首相の発想です。

　米軍の船が攻撃されるのは、米国が戦争をするときです。そこに日本が出ていくことは、日本がその戦争に自ら進んで巻き込まれに行くことに他なりません。

　「見捨てられたくない」から「巻き込まれる」。この発想は、「巻き込まれたくないから日米安保条約を破棄する」という発想と、極端さにおいて何ら変わりはありません。なぜそのような極論に走るのか。国家間の関係を力の対抗としてとらえる「リアリズム」の立場から見ても、過度に力に怯えたり、過度に力に頼ったりするのは、現実的ではありません。

　日本にとって心配な現実は、日本の国土が狭く、原発は言うに及ばず、都市も工場も新幹線も、海岸線に集中しているために、攻撃を受けた場合のダメージが大きいことです。これを、地政学的脆弱性といいます。また、いかなる国も、奇襲的な先制攻撃を完全に防ぐことはできない、という軍事的現実もあります。

　では、どうするか。まず、ミサイルが来たら落とす。これを「拒否的抑止」と呼んでいますが、実際には、100％落とすことは不可能です。

　次に、ミサイル攻撃には、倍返しにして報復する。これ

を、「報復的抑止」と呼んでいます。その能力は米国に依存しています。相手は米国への攻撃をちらつかせて米国を牽制するでしょう。米国は、自国の都市が火の海になっても日本のために報復するのか、迷うに違いありません。仮に、米国が報復して相手を滅ぼしても、すでに日本はミサイルによって破壊されているわけです。

日本が破壊されないことが目的であれば、最も現実的な戦略は、ミサイルが飛んでこないようにすることです。そのためには、いたずらに緊張を高めないこと、他国の対立に巻き込まれないことを考えなければなりません。

安全保障は、多元連立方程式です。安倍首相のように、1つの数式だけ取り出し、思い込みの数値を当てはめて解を出した気になるのが、一番危ないのです。

‖‖‖ **抑止力とは何か** ‖‖‖‖‖‖‖‖‖‖‖‖‖‖‖‖‖‖‖‖‖‖‖‖‖‖‖‖‖‖‖

70年間戦争をしていない日本で、戦争の論理や戦場のリアルを理解できないのも自然なことでしょう。私も、安倍首相も戦争を知りません。戦争を体験した世代が減っていく今日、戦争を知ることこそ、私たちに課せられた大きな宿題なのです。

戦争とは、国家が、武力を使ってその意思を他国に強制することです。戦争の本質は、目的が何であれ、殺傷と破壊の暴力に他なりません。安保法制の中にも、戦闘行為とは、「国際的な武力紛争の一環として（つまり、国家意志の強制手段として）行われる人を殺傷し又は物を破壊する行為をいう」という定義があります。

戦争は防ぎたい。そこで、自分の方が強いことを誇示して戦争をあきらめさせる、それを抑止力と呼んでいます。相手は、抑止されたくないので、もっと強くなろうとするでしょう。それを抑止しようとすれば、こちらももっと強くなる必要があります。こうして、武力と不信感が増幅され、一層危険な状況が生まれる。これを、安全保障のジレンマと呼んでいます。

　国の予算も、人口も無限大ではない。防衛力は、国が破綻しない範囲で持つ以外にありません。そこで、足りない部分をどうするか、答えは 1 つ、日本に矛先が向かないようにする外交です。まして、遠くで米国の軍艦を守って火の粉を浴びている余裕はないのです。

‖‖‖ 戦争は誰のものか ‖‖‖‖‖‖‖‖‖‖‖‖‖‖‖‖‖‖‖‖‖‖‖‖‖‖‖‖‖

　戦争は、誰のものでしょうか。戦争の本質が戦場における殺傷と破壊であるとすれば、戦場に行くことがない老人のものではありません。戦争は、若者のものなのです。同時に、若者を送りだす母親がいる、あるいは、今日の中東のように、市民の生活の場が戦場になることを考えれば、戦争は、母親や市民のものでもあります。

　戦争は、国家の行為です。けれども、国家が武器を取る肉体をもって戦場に行くわけではありません。国家は、国民を兵士として戦場に送って戦争をする。戦場に行くのは若者なのです。そのため国家は、戦場に行く若者、それを送り出す母親、敵の攻撃にさらされる市民に向けて、戦争の「大義」を示さなければなりません。「国があってこそ

自分や母親、さらに平穏な市民生活を守ることができる、ゆえにその犠牲は必要であり、尊い」という価値観です。

特攻隊の若者は、「天皇陛下万歳」を叫んで出撃し、「お母さん」と叫んで散っていった。前者が国家のための自己犠牲の価値観であり、後者が人間としての命の叫びです。前者がなければ国家が成り立たず、後者がなければ人間ではない。戦争には、今も昔も、こうした葛藤があるのです。

命を捧げる若者には、自ら犠牲を選択する権利がなければなりません。義務に選択の余地はありませんが、権利は、行使しない自由を含んでいるからです。必要な戦争であると信じ、犠牲になることを選択するのであれば、親にもそれを止める権利はありません。一方、政治家だろうと老人だろうと、戦場に行かない者が、それを他人にやらせる権利はありません。そこに、国家と個人の価値観のギリギリのバランスがあるわけです。

「自衛隊は、そのために給料をもらっているのでしょ」と言う若者がいました。

「それなら、給料を放棄すれば（つまり、自衛隊をやめれば）君と一緒だよね」と私は言いました。そして、誰も戦場に行く人がいなくなるかもしれない。それがあなたの選択なのだろうか、と。戦争は自衛隊のもので自分のものではないという発想では、戦争を理解することはできないのです。

自衛隊員の「服務の宣誓」には、「私は、我が国の平和と独立を守る自衛隊の使命を自覚し……事に臨んでは危険を顧みず、身をもつて責務の完遂に努め、もつて国民の負託にこたえることを誓います」と書いてあります。自衛隊

が戦場に赴くのは、「国民の負託」があると信じるからです。戦場を選ぶのは、自衛隊ではなく、政治家でもなく、主権者である国民なのです。

　自衛隊を、いわば国民の身代わりとして戦場に行かせるのであれば、少なくとも、自分なら喜んで行けるのか、という命の葛藤を共有しなければならないでしょう。「国民の負託」とは、そのくらい重いのです。

|||||戦争を判断する力を持つ ||||||||||||||||||||||||||||||||||

　無人島であろうと、領土は守らなければならないと誰しも思うでしょう。それは、国家の主権が大切であるからです。一方、自衛の戦争であったとしても、それ以前に、政治的に防げる戦争であれば、それは、しなくても済んだ無駄な戦争になります。無駄な戦争に自分が行くのは勝手かもしれませんが、母親の苦悩は癒されません。まして、そこに他人を駆り立てる権利は、誰にもないでしょう。

　だから大切なことは、その戦争が真に必要かどうか、という判断なのです。戦争には、いろいろな理由付けがあります。それを自分が考え、納得しなければ、生き残ったとしても、自分自身の人間性が失われてしまいます。

　イラクから帰還して心を病んだ米兵、3・11の津波で家族を失った人、これら、生き残った人間に共通するのは、戦友や家族を助けられなかったことで自分を責めるトラウマ、自分が生きていることへの罪悪感です。他者の死に直面した人間は、ときにそこまで追いつめられるのです。そういう苦悩に無頓着でいられるとしたら、それは人間失格

だと思います。それが、「人を殺傷し、物を破壊する」戦場のリアルなのです。

　家族に危険が迫れば、70歳の私だって守ろうとします。一方、守るべきものが目の前の家族ではなく、国家の威信や、そこに含まれる抽象的な「家族の生命」であった場合には、話は違ってきます。

　戦場で殺すのは、相手にとって「目の前の家族」かもしれないからです。そこには、自分の家族のために他人の家族を殺してもいいのか、という別の葛藤が存在するはずです。

　主権、正義、生存、名誉など、壮大な言葉は踊りやすい。相手国でも同じ言葉が躍っている。それが嵩じれば戦争になる。勝てば相手の恨みを残し、将来の戦争につながる。戦争の目的は、勝つことではなく相手を納得させることでなければなりません。そうでなければ、平和はないからです。

　戦争をするためにも、しないためにも、人として葛藤することが必要なのです。政治家任せではなく、自分の答えを持たなければなりません。戦争の主人公は、国民であるからです。

やなぎさわ・きょうじ　1946年生まれ。元防衛官僚。現在、NPO法人「国際地政学研究所」理事長。著書に『検証 官邸のイラク戦争』『亡国の安保政策』など。

エネルギーを
どうする？

—————— 諸 富 徹

|||| 大失敗から学ぶ |||||||||||||||||||||||||||||||||||||||||||||

2011年3月11日に発生した東日本大震災は、福島第一原発事故と東京電力管内での計画停電をもたらし、私たちに深い衝撃を与えました。福島第一原発は、地震で発生した津波に襲われ、「全電源喪失」という状態に陥ったのです。その後も、事態をコントロールできず、ついには水素爆発が起き、放射性物質が広範囲に飛び散りました。事故地周辺は放射能で汚染され、いまも約10万人もの人々が、避難を余儀なくされています。

悔やまれるのは、アメリカのスリーマイル島原発事故（1979年）や、旧ソビエト連邦のチェルノブイリ原発事故（1986年）などの先例があったにもかかわらず、原発を推進する政府や科学者は「日本ではそのような大事故は起きない」と主張し、私たちもそれを信じてしまったことです。しかし、そのような「安全神話」は、現実によって見事に打ち砕かれました。私たちはこの大失敗から深く学び、二度とこのような事故を起こさないことを、フクシマ後のエネルギーの出発点に据えるべきです。

事故後、原子力行政の担当者や電力会社は、「このよう

な地震と津波に襲われるのは想定外だった」と発言しました。事故は自然の猛威で起きたのであって、人知ではコントロールできなかった、という意味です。しかし、日本が地震大国であること、そして、残念ながら津波に襲われやすい国土であることは、改めて強調するまでもありません。それに対して、最善の備えを行うのは当然ではないでしょうか。

にもかかわらず事故が起きたのは、なぜでしょうか。安全対策を強化すると、巨額の費用がかかります。そうすると電力会社は、儲けが減ってしまうので、何かと理由をつけて対策を先延ばしにしようとしてきたのです。いったん事故が起きれば、これほど広範に深刻な被害を及ぼす発電方法は他にありません。十分な安全性を確保するための安全対策を実施できないのであれば(あるいは、実施すれば原発の経済性が失われるのであれば)、この地震大国日本で、原発を続ける合理的理由はもはやないと判断すべきでしょう。

⫼⫼⫼ 脱原発から方針転換した「エネルギー基本計画」 ⫼⫼⫼

さて、この事故後、原子力をめぐって国民的な大議論が起きました。震災翌年の 2012 年には、民主党の野田政権が、意見聴取会(全国 11 都市で「エネルギー・環境の選択肢」に関して参加者と直接対話)、パブリックコメント(上記「選択肢」について、インターネット上で国民の幅広い意見を募集)、討論型世論調査(無作為抽出された参加者に、上記「選択肢」をめぐる参加者同士、そして専門

家との討論に参加してもらい、その後に再び意向調査を行う）を経て、同年9月に「革新的エネルギー・環境戦略」を決定、「2030年代に原発稼働ゼロ」の方針を掲げました。

　これは事故前に、54基の原発を抱え、さらに新規原発の増設計画まであったことを考えると、大きな政策転換でした。具体的には、①原発運転40年ルールを厳格に適用し、年限に達した原発を順番に廃炉にしていく、②原子力規制委員会による安全確認を得たもののみ再稼働を認める、③原発の新設・増設は行わない、という方針を打ち出したのです。原発が減る分は、省エネで電力需要を減らす一方、再生可能エネルギーを大幅に増やして穴埋めする戦略だったのです。（再生可能エネルギーとは、化石燃料などの枯渇性資源と異なり、何度利用しても再生可能であり、枯渇しないエネルギー源を指します。具体的には、太陽光、風力、地熱、バイオマス、水力などが含まれますが、巨大なダム建設をともなう大規模水力は、自然破壊をともなうので通常、再エネから除かれます。以下、「再エネ」と略）

　しかし、2012年12月に民主党から自民党／公明党に政権が交代し、安倍政権が成立すると、エネルギー政策に大きな変化が起きました。つまり、脱原発の方針から、原発を将来にわたって活用する方針に切り替えられたのです。その具体的内容は、14年4月に決定・公表された「エネルギー基本計画」に示されています。そこでは、原発は「ベースロード電源」（「電力需要の変化にかかわらず、一定量をずっと発電し続ける基礎的な電源」の意）とされ、将来も電力を原発に頼ることが明記されたのです。対照的に、

再エネは増やすことが謳われたものの、もはや原発に取って代わる電源とはみなされなくなりました。

　日本の原発は事故後、定期点検のために順次停止していき、全原発停止の状態が、2013 年 9 月から 15 年 8 月までの約 2 年間続きました。しかし新しい方針に基づき、原子力規制委員会が認めた原発は再稼働させることになりました。本稿執筆時点で、九州電力川内原発 1、2 号機（鹿児島県）と、関西電力高浜原発 3 号機（福井県）の合計 2 カ所 3 基の原発が、再稼働しました。もっとも、原発を動かすと、放射性廃棄物が出ます。これをどのように処分するかは未解決のままです。さらに、事故が起きた場合に、住民は安全に避難できるのでしょうか。高浜原発の場合、国の計画で避難対象となっている原子炉から 30 キロ圏内に居住する住民数は、約 18 万人にも上ります。避難計画は一応つくられましたが、それでうまく行くか、予行演習が行われたわけではありません。本当に事故が起きた場合、計画は「机上の空論」と化す恐れもあります。こうして多くの問題が未解決のまま、見切り発車で再稼働が進められているのが実情です。

ⅢⅢⅢ「再エネの大量導入」に向けて ⅢⅢⅢⅢⅢⅢⅢⅢⅢⅢⅢⅢⅢⅢⅢ

　しかし、再稼働が順調に進み、大震災前の状態に戻るかというと、それはおそらく、きわめて難しいでしょう。事故後、国民の大多数は原発に厳しい目を向けています。しかも、原発が全部止まれば電力不足が起きると、原発推進派は国民を脅していましたが、そのようなことはまったく

起きませんでした。その理由の一端は、個人や企業が震災後、熱心に省エネを進めて、電力需要が大幅に減ったこと、他方で、電力の作り手として再エネが、急速に伸びてきたことが指摘されています。

　原発をやめると、代わりに火力発電を増やさざるをえないため、化石燃料の輸入が増え、日本の貿易赤字が増える（「国富流出」）との主張が行われてきました。たしかに、震災直前の 2010 年度における日本の化石燃料依存度は 62%（原発依存度は 28.6%）だったのに対し、震災後に原発依存度がゼロとなった 13 年度の化石燃料依存度は、88% にまで著しく高まりました。しかし、その後の原油価格の大幅な下落により、「国富流出」はもはや、原発推進の根拠たりえなくなりました。とはいえ、原発の代わりに化石燃料に頼る状態は、地球温暖化問題の観点から望ましくありません。

　では、原発に頼らず、化石燃料にも頼らない電力を実現するには、どうすればよいのでしょうか。その答えは、「再エネの大量導入」にあります。言い換えれば、再エネを原子力や化石燃料に代わる、基幹電源に育てるということです。これは決して非現実的なことではありません。日本と同様に製造業に強みをもつ先進工業国ドイツは、1990 年にわずか 3.4% だった総電力消費に占める比率を、2014 年には 27.4% まで着実に引き上げてきました。ここまでくれば再エネは、ドイツの押すに押されぬ「基幹電源」だと言ってよいでしょう。

　この成功の背景には、「再生可能エネルギー固定価格買取制度」（FIT: Feed in Tariff とも呼ばれる）の導入があり

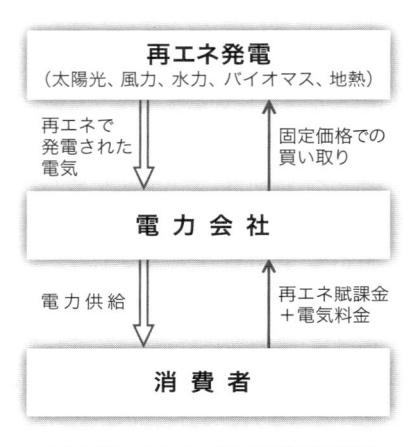

再エネ発電
（太陽光、風力、水力、バイオマス、地熱）

再エネで
発電された
電気

固定価格での
買い取り

電 力 会 社

電力供給

再エネ賦課金
＋電気料金

消 費 者

再生可能エネルギー固定価格買取制度
の仕組み

ます。これは上の図が示すように、再エネを政府が定めた
一定の価格で電力会社が買い取り、その買取費用を電力消
費者が「再エネ賦課金」という形で、電気料金に加えて負
担する制度です。再エネは、未発達の技術であったため、
他の電源よりも費用が高いという問題がありました。その
ままでは再エネの導入は進みませんので、再エネ発電事業
が成り立つ水準で買取価格を設定したのです。これで、そ
れまで採算が取れなかった再エネ発電事業が、収益事業に
変わりました。事業への参入が相次ぎ、再エネの供給がど
んどん増えたのです。興味深いのは、再エネ市場が広がる
と、その費用もどんどん低下したことです。技術が進歩し、
生産方法が改善されたことで、再エネ発電の費用は、他の
電源と競争できる水準まで下がってきたのです。そうなれ
ば、再エネ買い取りのための固定価格も段階的に引き下げ

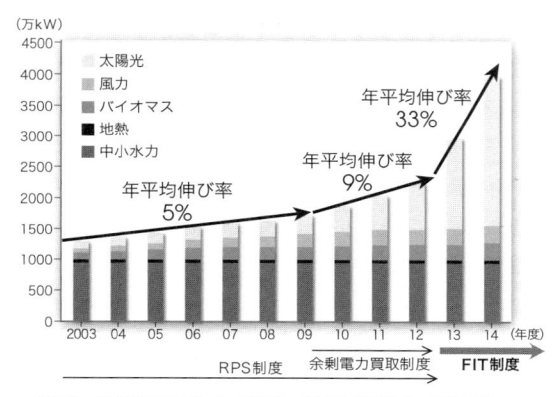

(出所) 総合資源エネルギー調査会　基本政策分科会　再生可能エネルギー導入促進関連制度改革小委員会(第 3 回)、配布資料1「再生可能エネルギーの効率的な導入について」

再生可能エネルギー等による設備容量の推移

ることができ、国民負担を抑えることができます。

　ここが重要なポイントです。固定価格買取制度は、費用の高い再エネを導入することで、日本経済に損失を与えると批判されます。短期的にはそうかもしれません。しかし、市場が広がることで、イノベーションが生まれ、費用が下がり、長期的には既存の電源より費用が安くなっていくのです。固定価格買取制度は、その時点で廃止して構いません。こうしたダイナミズムを引き起こす点に、この買取制度の真骨頂があるのです。

　日本でも、原発事故の教訓を踏まえて再生可能エネルギー固定価格買取制度が 2012 年 7 月に導入されました。この結果、日本でも太陽光発電を中心に再エネが急成長している様子を示したのが上のグラフです。とはいえ、日本の総発電量に占める再エネ比率は依然として低く、大規模

水力発電を含めても約 1 割、それを除けば、13 年度でわずか 2.2% でしかありません。これを基幹電源といえる比率にまで育てていけるか否かは、この固定価格買取制度を大切に取り扱い、これを有効に活用していけるか否かにかかっています。それに成功すれば、日本は、原発にも化石燃料にも頼らないという、困難だけれどもチャレンジングな課題を克服する展望が開けてくることでしょう。

もろとみ・とおる　1968 年生まれ。京都大学大学院経済学研究科教授。財政学・環境経済学。著書に『環境』『私たちはなぜ税金を納めるのか』など。

都市と農山村の共生は？

———— 小田切徳美

IIIII**東京一極集中** IIIIIIIIIIIIIIIIIIIIIIIIIIIIIIIIIIIIIIIIIIIIIIIIII

　国勢調査によると、2010 年の東京 23 区と周辺都市（統計上、「東京圏」と言います）の人口は約 3700 万人。総人口の 29% に相当し、かなり高い割合を占めています。どこの国でも首都の人口はこのようなものというイメージがあるかもしれませんが、実は先進国の中では例外的です。英国・ロンドンは 14%、フランス・パリは 17%、ドイツ・ベルリンにいたっては 4% という水準です（いずれも 2010 年）。しかも、これらの都市の数値は数十年間にわたってほとんど変化していないのですが、東京圏では一貫してその集中度を高めています（1960 年 18%、80 年 25%、2000 年 27%）。「東京一極集中」という言葉を聞いたことがあるかと思いますが、その実態がここにあります。

　こうした現象は、1960〜70 年代の高度経済成長期に激しく現れました。逆にその人口の供給源となった農山村や離島では人口急減、つまり「過疎化」が進みました。いまでは当たり前に使われているこの「過疎」という言葉は、実は 1960 年代に生まれた「疎ら過ぎる」という造語で、

それくらい当時は社会的に注目されました。

　このように都市部に集まった人口つまり労働力が、日本の高度経済成長を支えたと言えます。その過程で、都市部では大気汚染・騒音・交通渋滞などが大きな問題となりました。いま中国の大都市における PM2.5 汚染が騒がれていますが、かつては日本でも「大気汚染」は都市の代名詞でした。

　この「過疎」と「過密」の同時進行は、日本が「キャッチアップ型開発主義国家」であることを要因としていると言われています。世界史的に見れば、日本は 19 世紀末に後進の資本主義国として成立したという位置にあります。アジア太平洋戦争の戦前・戦後、欧米先進国を「追いつけ、追い越せ」と強烈に意識し（キャッチアップ型）、その達成のために国家の役割を重視し、国の主導で経済成長のための開発が強力に進められた（開発主義）、ということです。農業から工業への急速な労働力の移動と、大都市へのその人口の集中は、こうした急激な経済成長のために、むしろ意図的に作られたものと考えられるのです。

　その後、1973 年のオイルショックを契機に、日本経済は低成長期に入り、このような人口移動はやや鈍化したものの、その後もいまに至るまで続いています。

|||||| 地方の空洞化・東京の高齢化 |||||||||||||||||||||||||||||||

　2000 年代に入ると、それまでは増加の傾向にあった地方の都市でさえ、その多くが人口減少に転じ、住民の高齢化も進み始めています。それは、農山村で始まった地域の

空洞化がその麓におよんだという意味で「空洞化の里下り現象」と呼ばれます。集合住宅や商業施設などの都市計画の失敗もあり、中心市街地が「シャッター通り」と言われるほど衰退が激しい場所も生まれています。

　そして、人口を集め続ける東京圏も、近年では高齢化が進んでいます。厚生労働省の研究会のシミュレーションによると（「都市部の高齢化対策に関する検討会報告書」2013 年）、2010〜25 年の 15 年間で、東京都の 75 歳以上の人口は 74 万人以上も増加すると予想されています。毎年 5 万人──、これは地方の中小都市の 1 つ分の人口規模です──の高齢者の増加ということになります

　人口の高齢化は、出生率が著しく低いことも要因の 1 つです。1 人の女性が一生のうちに産む子どもの数を表す「合計特殊出生率」は、全国平均は 1.42。都道府県で最も高い沖縄県の 1.86 に対して、東京都は最低の 1.15 です（2014 年）。これは、保育園の待機児童問題に見られる子育て環境の悪さなどが原因だと言われています。

　つまり、高度経済成長期以来の激しい人口移動により、地方都市を含む地方全体の空洞化が進み、人口を集めた東京圏の側では高齢化が問題となる、という歪んだ国土を作り出しているのです。

‖‖‖「地方創生」‖‖‖‖‖‖‖‖‖‖‖‖‖‖‖‖‖‖‖‖‖‖‖‖‖‖‖‖‖‖‖‖‖‖‖

　政府は、2014 年から「地方創生」を掲げ、こうした状況からの脱却を政策的に進めようとしています。同年 9 月に「まち・ひと・しごと創生本部」を立ち上げ、11 月

には「まち・ひと・しごと創生法」を制定したことをご存知でしょうか。

「まち・ひと・しごと創生法」の第1条では、「我が国における急速な少子高齢化の進展に的確に対応し、人口の減少に歯止めをかけるとともに、東京圏への人口の過度の集中を是正（する）」ことを目的の1つとしています。「人口減少の歯止め」と「東京一極集中の是正」とを法律に明記したのは初めてのこと、とも説明されています。

しかし、これまで述べてきたように、東京一極集中は、日本の社会や経済の歴史的な特質による側面もありますから、短期的で表面的な対応で是正するのは困難でしょう。経済や社会のあり方に対する深い検討と、時間をかけた国民的な取り組みとが不可欠です。

ところが、法律制定後に行われたのは、必ずしもそうではありませんでした。「総合戦略」という国の方針が法律制定後1カ月（2014年12月）で早くもまとめられ、都道府県や市町村には「努力義務」とされている「地方版総合戦略」を2015年度末までに策定するよう求められました。

国は地方創生のための交付金を地方自治体に配分しましたが、この「地方版総合戦略」の策定をその条件としたこともあり、交付金の獲得を第1の目的に「戦略」を作成した自治体が少なくありませんでした。また、見栄えのよい文書にしようとコンサルタントに作成を「丸投げ」したところもあったようです。

「できるだけ早く、できるだけ国に気に入られる計画を、できるだけ手間をかけずに策定する」ことは、長期的な課

題である地方創生のスタートとしてふさわしいとは言えません。さらに、地方創生のためにも重要な、地方への決定権を移譲し、国のコントロールを小さくする地方分権から見ても、逆行していると言えます。

‖‖‖ 地域づくりと田園回帰 ‖‖‖‖‖‖‖‖‖‖‖‖‖‖‖‖‖‖‖‖‖‖‖‖‖‖‖‖‖‖

　しかし、一部の地域では、国の「地方創生」の掛け声よりも早く、再生に向けて動き出していました。それを「地域づくり」と呼んでいますが、あたかも時計の針を逆さまに動かすように、過疎化が先発した地域から始まっています。

　この動きは 1990 年代の後半から活発になっていましたが、これはちょうどバブル経済崩壊以降の「失われた 20 年」、「ゼロ成長」の時期と重なります。それ以前の高度成長やバブル経済の時期には、「工場やリゾート施設を外部から誘致して、地域に雇用と所得を生み出す」という発想(外来型発展)が当たり前でした。それが望めない経済状況となると、農山村の地域コミュニティの力の発揮と地域資源を活かした仕事づくり(内発的発展)が、地域の確信や覚悟となりつつあります。なかには、撤退したスーパーマーケットやガソリンスタンドを住民が出資して、自らが経営する地域もあります。また、廃止されたバス路線に代わり、住民の登録ドライバーがワゴン車で「コミュニティバス」を運行し、子どもたちの通学や高齢者の通院の足を守る地域もあります。

　そして、そこに「援軍」も生まれています。若者を中心

とした、都市から地方に移住してくる人々です。この動きを、筆者らは「田園回帰」と呼んでいますが、各種の資料によっても、このような動きは着実に太くなっています。

　地方に移住してくる人々を見ると、子育て世代は「農山村で子育てをしたい」、より若い世代は「自分の力を試すために起業に挑戦したい」、「困っている地域で何か貢献したい」などのさまざまな動機があります。しかし、共通して言えるのは、住民が内発的に地域づくりに取り組み、前向きに地域の問題を解決しようと格闘している地域に、こうした人々が向かっていることです。移住した若者から「お年寄りが頑張っている姿に憧れた」、「母親世代の女性がみんな仲良く、笑顔が素敵だ」という声が聞かれ、その地域と人の魅力が都市から人を呼び寄せているような関係があることが確認できます。

　つまり、地域づくりと田園回帰の好循環がはじまっています。地方創生のあるべき姿が、むしろ早くから困難に直面してきた農山村で着実に生まれています。

‖‖‖世界都市 TOKYO─都市農村共生社会 ‖‖‖‖‖‖‖‖‖‖‖‖

　しばしば衰退ばかりが強調される地方部でも、むしろ条件が厳しい農山村を先駆けとして、人も地域も自ら動き出しています。

　こうした取り組みが持続するには、もちろんたくさんの課題があります。地域の人々の覚悟や努力だけでは不十分で、それを支える地方自治体や国の政策が欠かせません。都市に住む人々が、個人や組織でボランティアとして汗を

流し、「ふるさと納税」や「クラウドファンディング」などの寄付で応援することも必要でしょう。企業や NPO、大学などの地域貢献活動も期待されています。

　それらを含めて、国民的な意識の変化は徐々に生じていると言えます。それは農山村だけが元気であればよいというのではなく、ハイスピードの高齢化に悩む東京圏を含めて、「都市なくして農山村なし。農山村なくして都市なし」という両者の共生の道を探る動きでもあります。

　他方で、2020 年東京オリンピック・パラリンピックを契機に、東京への「ヒト・モノ・カネの集積」を主張し、グローバリゼーションの時代にふさわしい「世界都市 TOKYO」を創造しよう、という議論も生まれています。それは、かつての「キャッチアップ型開発主義」の再来のような主張でもあります。

　つまり、私たちはいま大きな岐路に立っています。半世紀前の東京オリンピックのころと同様に、成長的な開発路線を掲げて「世界都市 TOKYO」づくりを集中的に進めるのか。そうではなくて、新しい社会を構想しながら、経済成長ありきとしない「脱成長」を基本に、どの地域の個性も活かされる、持続的な都市と農村の共生社会をつくってゆくのか。

　それは国民的な選択にふさわしい、大きな争点です。若いみなさんの有権者としての真剣な学習とそれによる判断に期待したいと思います。

おだぎり・とくみ　1959 年生まれ。明治大学農学部教授。専門は農政学、農村政策論。著書に『農山村は消滅しない』、編著に『田園回帰の過去・現在・未来』など。

III

立ちあがる民主主義！
―18歳も、101歳も―

私、18歳からの責任

齋藤優里彩

歪んだ選挙制度で選ばれた政治家が、横暴な態度取ってんじゃねーよ!!! あぁ、スッキリ。失礼致しました。この原稿を書かせて頂いているのは、2016 年の元日。2015 年の恨みはらさでおくべきか!!! 国民が罪を犯したら、法律によりきつく処罰される。でも、憲法を守らない政治家は何故、処罰されないのか。現在の日本は憲法の上に、政治家の方々がいる。安倍首相の大好きなアメリカが定めた憲法、ただの紙切れと化しています。8 割の憲法学者が違憲とする法案を推し進めるという、大きな過ちに気づく素振りは一切なく、安保関連法は強行的に採決され、成立。この構図のどこが、「日本は、民主主義」と、言えるのでしょうか。そしてそんな日本を放っておいていいのでしょうか! このままだと、暴走は加速するばかりです。しかし、皮肉にも、安保法の成立により若者の政治意識は高まりました。国民を甘く見ると痛い目に合いますよ……。いやぁ、本当に、2015 年は安倍政権の激走が恐ろしく、それに激怒し、激闘した、自分自身の心情と、社会情勢の変化、共に激動の 1 年でした。なので、2016年からは、少しでも「穏」を感じたいと切望しております。

安穏の穏。平穏の穏。何が・誰が原因でこうなったかの、責任問題ばかりに逃げる、または便利な「想定外」という言葉を使う、そんな政治家の方の存在ばかりが、ここ何年かは目立っています。どうしたら解決できるのか、物事の根本を見つめ、解決に努められる「穏健」な思想を持った政治家の方の登場を期待する、戒めの意を込めた一字になります。特別なことはしなくていい、ただ、未来ある命が危機にさらされない環境を築くことのできる政治家の方の登場を期待……それは、望みすぎなのでしょうか？　……安倍首相、あなたの推し進める政策で、涙を流している方がいることに、少しでも想いを馳せたことはございますか？　「命あっての物種」を完全に否定する、原発事故の避難者に出した帰還促進政策。それに対する抗議行動に私も参加しましたが、政府の対応のあまりのずさんさは、昨年の経験の中で、いや、今まで生きてきた中でも、非常に強い衝撃を私の心に与えました。「お腹を痛めて産んだ子を、危険な場所で育てたくない」と涙ながらに訴えるお母さん。親として当たり前の思いすら持つことを許されず、札束で頬を叩き、「福島へ帰ってください」と切り捨てる。この日本の現状を「崩壊している」以外の言葉で形容できますでしょうか？　その崩壊した日本を立て直すチャンス、私たちに与えられた責任とも言うべきでしょうが、「選挙」があります。その責任は、2016 年 7 月の参院選挙から、18 歳・19 歳も有権者になることで、さらに大きくなります。穏健な思想を持った政治家の方の登場を願うなら、「選挙に行く」という当たり前の、穏健な思想を、私たち国民も、全うしなければならないと思います。その前には、

課題が山積していますが……。年々下がるばかりの投票率。日本と海外の、「学校」の机の向きを比べて見て下さい。そこにきっと、日本の限界を感じるはずです。画一的で、理解させるより記憶させるだけの教育環境。記憶教育では、自分の意見なんか生まれるはずもない。「みんなと一緒が良い」の延長は、「誰かがやってくれる」。そんな日本に通底した、この、何も生まれない思想からは、卒業しなければなりません。寺山修司は言いました。「どんな鳥も想像力よりは、高く飛べない」と。例えば、買い物をする度に何気なく支払う、消費税。これは、しっかりと私たちの未来の為に使われているのかと、想像する力。身近な現象に想いを馳せる想像力は、他人任せにせず、自分が社会の一員であることを自覚する橋渡しになり、そしていずれ選挙といった国単位の、「大きなこと」に繋がっていく。「私」の住む日本なんだ。「誰かがこう言ってるから私もこう思う」ではなく、「私」がどう思うか。「私」はどんな日本に住みたいのか。私自身も、現在 19 歳です。この法律の制定による当事者の目線で、若者の政治参加がより積極的になるよう訴えかけていき、皮肉にも若者の政治意識が上がった安保関連法成立の余勢を駆らねば！と意気込んでいる次第です。安倍政権にとって 18 歳からの選挙権の法律制定は、墓穴を掘ったと必ず！必ず！言わせましょう！

さいとう・ゆりあ　1996 年生まれ。アイドルグループ「制服向上委員会」メンバー。『戦争と平和』『ダッ！ダッ！脱・原発の歌』などを全国のイベントで歌う。

18歳のあなたへ

大澤茉実

「選挙に行け！」「デモに参加しろ！」「新聞を読め！」「ミンシュシュギを守るためには……」云々と続く大人の説教。ところであなたは誰ですか、と聞きたくなります。人の話は聞かないくせに、自分の話をしないではいられない大人。「正しさ」に目隠しされて、相手の世界が見えなくなった大人。

でも、例えばあなたが、大好きな恋人にふられて泣いていたり、今月の生活費をバイトで稼ぐのに必死だったり、過去に未来に思いを馳せているとき、それを邪魔する権利は誰にもないのです。

＊

私は、時々ある一場面をふと思い出します。中学3年の学級会、卒業と受験を前に風紀が乱れているという話になった時のことです。学級委員として皆の前に立っていた私は、毎日遅刻して学校にやってくるタクローを責めました。「みんな頑張って来てるやん。しんどいなんて理由、"甘え"やと思う。」

口達者で勉強もできた私は、こういうことを言う役回りでした。教室を見渡すと、何人かのクラスメイトが同調し

て頷くのが見えます。その日も昼休みから登校していたタクローは、何も反論せず机の一点を見つめていました。

　私はさらに言葉を紡ぐ必要があると感じました。ところが、タクローの顔を見ていると、私の言葉は途端に形をなくし、喉元で消えてしまうのです。静まり返った教室は、誰かの言葉を——私の言葉を待っている風でしたが、私は黙るしかありませんでした。冬の教室に午後の陽が射しこんで視野がかすんだ光景を、私は今も鮮明に覚えています。

＊

　私があの時紡ぎたかった言葉を見つけたのは、それから数年が経ち、未来とか夢とか自由とかそんなものが怖くなって布団から出られなくなり、私がもう優等生ではなくなってしまった、ある日のことでした。その頃の私は、こんな自分は必要ないんじゃないかと、布団の中から暗闇を見つめて、その黒に溶けてしまえたらと毎日思っていました。

　でも、私は溶けませんでした。たまに、ほんのたまに、思いがけないような光をくれる友達に出会ったからです。たとえば夏の終わりのある日、「誕生日いつなん？」と聞いてきたその子に、私は「明日やで」と答えました。嘘でした。私の誕生日は春です。ただ、当時の私にとって、誕生日などどうでもいい日になっていたのです。

　その子は目を丸くして驚き、「もっとはよ言えや」と笑いました。翌日、彼女は小さなホールケーキを持って現れました。たくさん笑いながらフルーツの取り合いをして、ケーキを 2 人で分けました。あれほど素敵な誕生日はありませんでした。自分が生まれてきたことを喜ぶ人がいて、なにもできない私を好きでいてくれる人がいることは、私

が死ねない理由になりました。

　そのどこにでも売っているような、安っぽくて小さなホールケーキを買うために、朝起きるとテーブルの上に置いてある１日分の食事代のすべてを彼女が使ったことを私は知っていました。思わず「生きててよかった」なんて言うと、彼女は「大袈裟やわ」とまた笑い転げました。

　夢を叶えるためにずっと憧れ続けた専門学校を諦めてくれと母親に頭を下げられたとき、何百万円もの借金を抱えて春から新生活をはじめたとき、周りから「自己責任」だと言われたとき、なんでこんなに働いているんだろうって呟いたとき、いつも彼女は笑っていました。きっと、最後の最後まで。

　私が最初に言えばよかったんだ。「しんどいね」って。

　私の学校では、偏差値が高ければ勝ち組だとされ、「将来を考えること」は有名大学への入学、大企業への就職と同義でした。大人だけが、無邪気に「夢」を語っていました。

　「私もしんどい」。それが、私が彼女に一番言ってほしかった言葉でした。あの日の私が言えなかった言葉でした。

＊

　こんな話をわざわざする必要はなかったかもしれません。なぜなら、あなただけがもつ想像力、笑いや涙の経験、あるいは沈黙や手触りが、どんな「正しさ」をも超えて、あなたにも雄弁に語りかけてくるはずだから。

　──あなたは誰と、どんな未来を生きたいのか──

　いま、誰にも知られず消えてしまいたい、自分１人じゃ何も出来ない不完全なあなただから、手をとりあう誰か

がいるのです。民主主義とはきっと、そんなあなたのためにある。

＊

いま、もう一度震える足でタクローのいるクラスの前に立てるなら、ただのクラスメイトとして、「タクローが来たいと思えるクラスにしよう」と言いたいのです。たとえその声がどんなに小さくとも、この社会に生きる屑のような存在として、「あの子が生きたいと思える社会にしよう」と言いたいのです。だから私は、私の嫌いな私のまま、声をあげることにしました。

「私もしんどい」。その続きは、「それでもあなたと生きていきたい」。

おおさわ・まみ 1994 年生まれ。SEALDs KANSAI メンバー。立命館大学 2 年。

世の中を語るとき、世の中は語らず、自分が世の中を語り、そして自分が始まる

丹下紘希

みんな世の中の多くの決まりをすでに受け入れているけれど、すでに決まっていることとは他人が決めたことであって自分が決めたことではない。

少なくとも疑いもせずに受け入れるということは、してはいけないと、ぼくは思う。

しかし、あまりに多くのことが自分で決めたことではないので、わからなくなってしまっている。

それがどんな決まりか、自分のものにするには確かめないといけない。

ところが、すでにそこにあるからこそ、その存在さえも見えないものが多い。

見えていないものに疑問を持つことは、実は難しい。

例えばぼくは信号機に、いつも心の中でひっそりケンカを売る。ぼくなりに、この世界の決まりに納得するためだ。

「お前の判断はオートマチックにやってるだけだろう？それで人さまに渡るな、渡れって命令できるなんて恥ずか

しくないのか。ぼくたちは自分で判断するぞ。おまえの言いなりにはならん。ま、参考程度にはしてやるよ」

　そこからぼくがようやく、その世界の主体になる。今ではそこから毎日、自分が始まる。

　主体が自分であるかどうかが問題だったのだ。
　おかしなことに世の中は、その主体である自分を置き去りにして語られていることが多い。
　だから「国」や「世の中」を主体として語らず、自分というちっぽけな個人が主体となることは尊い。

　フランスの哲学者、モーリス・メルロ゠ポンティは、「私」だけがあるのでも「モノ」だけがあるのでもない。「私」と「モノ」が出会う接触面にだけ、世界は成立するのだ、と考えたのだそうだ(東京国立近代美術館、企画展glove｜evolg より)。
　確かにピタリと触れているその時だけ、本当にそこに世界が存在する実感がある。
　では、ぼくたちは世界のどこにいるのだろうか。
　この現代という実感を失いがちな世界で考えなくてはならない。
　また、ぼくたちは自分のどこまでを世界と考えているのだろうか。
　せっかく地球は丸いとか青いとか、客観的なことをたくさん知っているのに、自分自身の中にその世界はどんなリアリティを持って存在しているか？　と聞かれたら、自分の世界なんてとても狭いことに気がつく。

選挙はある意味「私」が社会の何かに触れて、ふだん触れることのない自分の世界が成立できる仕組みだ。

　選挙に行かない理由で一番多いのが、選べない、選びたい人がいない、とする声。

　それを言い訳に自分たちの未来をあきらめるのは間違ってる。

　それにモーリス・メルロ゠ポンティによれば、それではそもそも自分の世界が成立しない。

　選べない（触れられない）時は怒らなくてはならないのだ。

　法律や政治でしか関与することのできない自分の世界が失われたわけだから。

　つまり選挙は選ぶのではなく、自分の世界を作ること。

　選ぶだけなんて受け身で終わってはいけない。

　自分が主体になるんだ。

　他人になんて任せたら、それこそ自分の世界は失われる。

　こんな世界に触りたいんじゃないと怒り、どうしてもっと別の世界の可能性がないんだと地を踏み鳴らす。

　自分から始まる世界は、そこに感触も感覚も意味もどんな文脈で語られているかを自分に問う。

　自問自答する時間を長く持てば持つほど、自分の中の民主主義が完成されていく。

　自分の意思が生まれ、そこに世界ができあがるのだ。

　大事なことは選択を与えられているのではなく、自分が選択を生むということ。

次の世の中を生み出すと決めたんだ、とそんな大それた ように聞こえることも間違っちゃいない。

　自分がこの世界に含まれているかどうかを不安に思わな くていい。
　自分が主体にさえなれば、自分はすでにそこにいるから。
　逆に国や世の中や会社の肩書きでしか生きていられない なら自分は簡単に死んでしまうかもしれない。
　みんな世間の期待には応える自信はないが、自分らしく 生きる自信はあるんだ。
　それが力となる。
　自分にとって大切だと感じたことを選ぶ時点で、自分ら しくあろうと前に進んでいる。
　いつだって立派そうに見える肩書きから始まるんじゃな い。
　そんな個人という小さくて強い自分から始まる。

　例えば世界のどこかで戦争が起きたときや、例えば知ら ないうちに自分が遠くの誰かを犠牲にしてしまっていたと 知ったとき、ぼくたちはそれらのことを自分のこととして どれだけ深く捉えることができるのか問われている。

　それらの人を助けたいと想う気持ちが涌き起こってきた ら、あなたは手のひらを精一杯広げてその気持ちを摑もう としているんだ。
　そのとき、あなたという世界は広がり続け、あなたはた った１人でこの世界のどこにだって立てる。

誰に認められなくてもそんなあなたの精一杯を、あなたの友や家族は知っているはず。
　だからもう一歩踏み出せる。

　そして、それを自分の手のひらに本当の意味で摑むときに少し未来が変っていくんじゃないかな。

　1人1人にその力がある。
　世の中の理不尽や不条理に立ち向かう力も。
　利己的で見えにくい、暴力的なすでにある世界を見抜く力も。

　それが未来をあきらめないことだと思う。

たんげ・こうき　1968 年生まれ。人間。

「晩ご飯」で考える民主主義と選挙

想田和弘

18 歳から選挙に行けるようになったと聞いて、18歳の皆さんはどんなふうに感じているでしょうか。

選挙で私たちの代表を選ぶ。それがデモクラシーの基本だと(もっと年齢の高い)大人たちはしたり顔で言うかもしれませんが、ピンときていますか。

僕が18歳のころは、正直、ピンときていなかったように思います。

いや、もちろん、選挙の仕組みなどについては、学校では習いましたよ。でも、選挙をするということが、私たちの社会にとって、そして自分にとってどんな意味を持つのか、あんまりはっきりとした具体的なイメージを持てていなかったと思います。

というより、今でも老若男女、かなり多くの大人が、あんまりイメージできていないのではないでしょうか。だって、最近では国政選挙でも半分くらいの主権者が投票所にいかないくらいですからね。地方選挙になると、投票率2割なんてのもザラです。選挙の意義をしっかりとイメージできていたら、きっと投票所に行くと思うんです。

では、あらためて、選挙とは、デモクラシーとは、いっ

たい何なのでしょう。

　僕はこういう本質的で難しい問いを発するとき、なるべく身近なことに置き換えて考えるようにしています。その方がイメージしやすいからです。

　たとえば、仲の良い友達同士5人で、晩ご飯を食べに行くときのことを考えてみてください。何料理を食べるかみんなで相談するとき、皆さんはどういう風に行き先を決めますか。

　一番発言権のあるリーダー格の人が「焼肉にするぞ」と言ったら、本当は「イタリアンがいいなあ」と思っていても、みんな従いますか。それだと決定は早いですね。でも、決め方が独裁的すぎて、みんなが満足できないかもしれませんね。中にはベジタリアンの人がいるかもしれませんし。

　デモクラシーの決め方は、上記のような決め方とは違います。デモクラシーでは、5人の発言権は平等であるとみなします。リーダー格の人はいるかもしれないけれど、最初からその人が決めるのでなく、「みんな、何が食べたい？」と4人の意見を聞くのではないでしょうか。仲の良い友達同士5人なら、こちらの方が自然ですね。

　で、AさんとBさんとCさんが「焼肉かなあ」と言い、Dさんが「中華」、ベジタリアンのEさんが遠慮気味に「なんでもいいよ」と言ったとします。

　こんなとき、皆さんだったらどうしますか。

　よく言われる「多数決」であるなら、単純に「焼肉」に決まりますよね。でも、それだとEさんは食べるものがなくてちょっとかわいそうです。Eさんが楽しめないのなら、せっかく5人が集っても、みんなの楽しさも半減し

てしまうかもしれません。

　僕の経験では、こういうとき、Ｅさんのことをよく知るＣさんあたりがこんな提案をしたりするのではないでしょうか。

　「ああ、でもＥさんはベジタリアンだから、野菜料理もある店にしようよ。近くにおいしいイタリアンがあるよ。みんな、どう？」

　それで「イタリアンだけは絶対に嫌だ」という意見がでなければ、きっとイタリアンに決まるのではないでしょうか。

　これがたぶん、デモクラシーの原則です。つまり、単純に多数決で物事を決めるのではなくて、みんなが納得できる「落とし所」を探すわけですね。なぜなら、ひとりひとりのことが大事だからです。皆さん、普段の生活では、自然に、普通に、そうやっていませんか。

　でも、５人の仲間であれば比較的スムーズにいくでしょうけれども、これがたとえば日本という国全体で何かを決めることになったらどうでしょうか。１億人が集って「イタリアンだ」「焼肉だ」「カリビアンがいい」と言い合っても、なかなか決まらないでしょう。というより、１億人が一堂に会することは難しいですよね。

　じゃあどうするのかといえば、相談するための代表を選びます。つまり選挙の出番です。

　イタリアンを希望する人は「イタリアン」を主張する候補を、中華を希望する人は「中華」を主張する候補を立てたり、選んだりして、応援します。選挙戦では、各候補者が「なぜイタリアンがいいのか」「なぜ中華なのか」を主

張して、ときには議論を戦わせるでしょう。そしてメディアはそれを報じます。

　私たち主権者は、報道や集会などを通じて各候補者の主張を吟味して、投票先を考えます。最初は「イタリアンがいいな」と思っていた人も、候補者の人柄なども考慮して、「やっぱり焼肉党のあの人がいいみたい」と考えを変えるかもしれません。中には「自分と考えは全然違うけど、和食党は後で握り寿司をくれるから」なんていう理由で和食党の人に投票する不届き者もいるかもしれません。

　いずれにせよ、そういうプロセスを経て、和食党は100人、イタリアン党は50人、焼肉党は10人、などと当選者が決まっていくわけですね。

　さて、デモクラシーのプロセスは、選挙が終われば、完了でしょうか？

　もし完了だとすると、ちょっとマズいですね。

　たとえば多数派をとった和食党が、約束（公約）を撤回して「やっぱりステーキにする」なんて言い出したらどうですか。これ、困りますよね。選挙の意味がなくなってしまいます。

　あるいは、和食党が和食を作るという公約は守っているものの、作っている料理がものすごく不味そうだったらどうしますか。「もっとうまいレシピで作ってくれ」と言いたくなりますよね。

　あるいは、和食が食べられない人のことはどうしますか。少数派だからといって切り捨てますか。それでは気の毒ですよ。やっぱり、たとえ和食党が政権を獲ったとしても、少数派にも食べれるようなメニューも用意してほしいです

よね。なぜなら、前に述べたように、デモクラシーではひとりひとりのことが大事だからです。

　いずれにせよ、選挙に行っただけでは、主権者としての責任の半分も果たしていないことがわかるでしょう。選挙の後も、国会や報道などを通じて、自分たちが選んだ代表がどんな話し合いをし、何をどう決めていくのか、きちんと見守る必要があるのです。

　そして議論が良からぬ方向へ進むなら、厳しく批判することも必要でしょう。批判しても正されないなら、デモをして不満を表明したり、次の選挙で別の代表を選ぶべく、運動する必要が出てくるかもしれませんね。

　では、関心がないから、面倒臭いからといって、選挙にも行かない人はどうでしょうか。自分はベジタリアンなのに、焼肉を食べさせられてもあんまり文句を言えないですよね。いったい、損をするのは誰でしょうね。

　たかが、選挙。されど、選挙。

　選挙はデモクラシーのすべてではありません。でも、選挙なしにデモクラシーは成立しえないんですね。

・・・

そうだ・かずひろ　1970 年生まれ。映画作家。著書に『日本人は民主主義を捨てたがっているのか？』など。

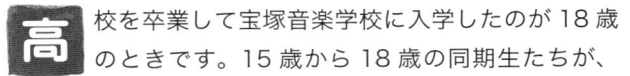

私が私を差別しない
生き方

東 小雪

高校を卒業して宝塚音楽学校に入学したのが18歳のときです。15歳から18歳の同期生たちが、2年後の初舞台を目指して毎日レッスンに励んでいました。

その頃は、宝塚という特殊な世界に馴染もうと必死でした。実家を出て音楽学校のすみれ寮に入ったので、環境が大きく変わりましたし、テレビや新聞を見ることもできない中で、政治について考えることなんてありませんでした。

20歳になって選挙権を手にしたのは、劇団で公演中の頃だったと思います。そのときも舞台や稽古のことで頭がいっぱい。

若いときに政治について考えなかったのは、とてももったいないことだったなと、今では思っています。それでも選挙には行っていました。なんでだろうと考えると、私のマイノリティ性が関係しているのかもしれません。

自分がレズビアンであるということ、女の子が好きなんだということは、高校生のときから自覚していましたが、この時期に自分の内面としっかり向き合うことはできませんでした。

マイノリティは、まわりと違う自分のことを「変」だと

思い、自らを責めてしまいがちです。けれども、そんなふうに思う必要はないのです。数が少ないだけで、決して「変」なのではありません。

「自分はレズビアンなんだ」「自分は自分のままでいいんだ」——私自身がありのままの私を受け入れていく中で、自らを取り巻く人間関係も、心地よいものへと変わっていきました。

私がレズビアンであることを全面的にカミングアウトしたのは、2010年、25歳のときです。顔と本名を出して、宝塚歌劇団出身であるということもオープンにして、LGBTアクティビストとして社会に関わるようになりました。そのおかげで、いろいろと話し合える仲間もできました。もちろんそうなるまでには時間がかかったのですが、ゆっくりと時間をかけていいんだと思っています。

若い頃って、自分の居場所を自分で選ぶことができませんよね。自分が何を好きか、自分が何に向いているのか、そんなことってなかなか分かりません。私も、今となっては、宝塚が唯一の世界だというような考えが自分を苦しめていたのではと思ったりします。自分にぴったりくるコミュニティとめぐり合うのって、本当に難しい。

しかし、世界はそこだけではありません。学校だって、仕事だって、今いる場所がすべてではないのです。また、子どもを愛することのできない親のもとで生まれてしまったとしても、その家族だけが「家族」ではありません。大人になればそこから離れることも、新しい家族をつくることもできます。「まわりとは違う私」を私が差別しないで受け入れることが、新しい生き方へとつながっていくのだ

と思います。

「多様性を尊重する社会」、これが未来のキーワードです。日本は、LGBTだけでなく様々なマイノリティを大切にする社会へと変わっていかなくてはいけません。

そのために大事なのが、絶対に選挙に行くこと！ 自分1人が選挙に行っても変わらないと思うかもしれませんが、それは違います。どの政治家に、どの政党に入れたらいいのか、どう決めたらいいのか分からないかもしれない。でも、まずは投票に行かないと、このような社会であってほしい、といった思いそのものがなかなか育まれません。投票を繰り返していくうちに、自分はどういう社会になってほしいと思っているのかが、少しずつ見えてくるはずです。

もし国政を身近に感じづらいというのであれば、区政、市政といった自治体にも目を向けてみてください。文化、福祉、子育てなど自分の生活に密接に関わったイシューがたくさんありますし、地方選挙は少しの票差で当選者が変わってきます。あなたの1票がいかに大切か、実感できるはずです。

あなたの中には社会を、政治を変えるすごい力があるんです。そのことをぜひ知ってもらいたいですね。

....

ひがし・こゆき　1985年生まれ。元タカラジェンヌ、LGBTアクティビスト。東京ディズニーシーにて同性結婚式を挙げ話題に。渋谷区パートナーシップ証明書交付第1号。

18歳の頃を振り返って

金 明奈

私は朝鮮学校出身の在日コリアンです。小学校から高校まで朝鮮学校に通い、日本の大学に進学し、弁護士を目指して勉強をしています。今年で21歳になります。生まれ育ったのは日本の東京で、国籍は大韓民国です。

2010年の中学3年生、15歳の頃、高校無償化制度がはじまり、私立高校の生徒には就学支援金が支給されることになりました。当初、就学支援金制度の対象に外国人学校も含まれる予定だと聞いたときには「少しでも学費の支払いが楽になるなら助かるな」と思うと同時に、「そう簡単に朝鮮学校にも適用されるだろうか」と考えたことを覚えています。日本政府は朝鮮学校を正規の学校（一条校）として認めておらず、これまで朝鮮学校に対して数々の差別を行ってきたからです。

私の心配は的中しました。やはり朝鮮学校は高校無償化制度の適用から外されてしまいました。2010年11月の「朝鮮民主主義人民共和国による延坪島砲撃事件」を理由に、朝鮮学校の審査手続は「停止」され、さらに自民党政権になった2013年には、朝鮮学校を制度の対象とする

ための根拠となる文部科学省令の条文が削除されてしまいました。

　朝鮮学校は朝鮮半島にルーツを持つ子どもたちが学ぶ場所です。日本と朝鮮半島は、長い間関係が良好ではありません。戦後まもないころ、日本政府は朝鮮学校に対して閉鎖命令を出しました。1994年まで、通学定期券の割引の適用がなかったこと、日本の大学の受験資格がなかったことなど、朝鮮学校と日本政府は長い間にらみ合いのような状態を続けてきました。高校無償化問題も例外ではありません。今でも、私たちは日本と朝鮮半島の政治に左右されているのです。

＊

　自民党政権のもとで文部科学省令の条文が削除され、朝鮮学校が正式に制度から除外されたとき、私は18歳で、ちょうど学校内で最年長の高校3年生になる年でした。朝鮮学校内外で大きな動きがありました。私のまわりでも、高校無償化制度の適用を求めるため、高校生が原告となって国を訴える裁判が始まりました。学校の先生方は、何度も私たちに「歴史の生き証人だぞ」「日本社会の荒波に立ち向かっていこう」とおっしゃったのを覚えています。18歳の私は高校無償化適用に全力を注ぎたいと思っていて、先生方のおっしゃる通り一心不乱に「日本社会の荒波に立ち向かう」こと、少し極端ですが、それが「在日コリアンの生きる道」だと確信しており、より深くこの件について勉強したい、土台となる知識を持ってこの件に関わっていきたいなと思い、法学部に進学することを決めました。

＊

しかし、大学に進学してから、18歳の私の「在日コリアンの生きる道」は揺らぎ始めました。

　私は日本の保育園に通い、学童保育で地域の友達やその親御さんたちに沢山可愛がってもらいました。大学受験期に日本の塾に通い、そこで出会った友達に修学旅行で行った朝鮮民主主義人民共和国のお土産を渡し、朝鮮学校の話で盛り上がり、通ったことのない日本の高校の話に心を躍らせました。日本の大学に通い、ゼミやサークルで日本人の友達と出会いました。ゼミで留学生を招いた際に朝鮮半島を誹謗中傷され涙目になった私を日本人の友達は「わかってるよ」「辛かったね」と慰めてくれました。私には、日本人の素晴らしい友達が沢山います。何故「立ち向かう」ことばかり考えていたのか、素敵な日本人の友人たちと手を取り合って助けられて、今まで生きてきたのに。

　でも一方で、「荒波に立ち向かえ」とおっしゃった高校時代の先生方が間違っているとは思いません。日本社会は、私の知っているような「素敵な」人たちだけでは無いことも事実です。大学にも、在日外国人について何の理解も無しに、無神経な発言をする人たちもいます。

　どちらが日本社会の本当の姿なのでしょうか。朝鮮学校を無償化から排除したのは、一体、誰なのでしょうか。

＊

　18歳の私は、法律には絶対的な答えがあると信じていました。六法全書には、この世でしていいことと悪いことが全て明確に記されている。法律を学んで弁護士になれば、法律の力で絶対的な答えを出せる。そうしたら高校無償化問題の解決なんて、すぐじゃないかと。

大学で学ぶ過程で、法律は答えが一つではないことを知りました。事件解決のためには、様々な答えを検証し、その人に一番合う答えを選ぶ。私に一番合う答えとは、何なのでしょうか。

　21 歳の私は、日本社会の荒波に立ち向かうだけではなく、日本社会と共存していく可能性を大事にしたいと思っています。素敵な日本人の友人を知っているから。理想だと言われても構いません。

　朝鮮学校への高校無償化法適用はされるべきです。与えられるべき権利です。しかし、裁判や法律だけでは世の中は変わらないかもしれません。在日コリアン社会に権利を勝ち取るだけでなく、在日コリアン社会の外である日本社会からの在日コリアンへのイメージや、先入観を変えていくこと。お互いの正義を尊重しあう関係を作ること。後輩たちのために、朝鮮学校の未来のために、日本社会との共存のために、私にできることを探したいです。私は今、そのための武器として、法律を学んでいます。

．．．

きん・みょんな　1995 年生まれ、東京都、在日コリアン3 世。

民主──新世界への憧れ

王品蓁（ギナ・ワン）

私自身は経験していないけれど、台湾に続いていた独裁体制と白色テロの歴史*は、人々の心に深く焼き付いています。日本が敗戦後に台湾の植民地支配から撤退したあと、さまざまな差別構造のなかで台湾人と大陸出身中国人が激しく衝突し、政府による戒厳令は 30 年ほど前（1987 年）まで続いていたのです。

　＊1949 年の中国国民党（当時の与党）の戒厳令発令から 43 年にわたる専制統治時代。台湾と中国本土の関係は険悪で、国民党は権力保持と共産勢力の排除のため、結党禁止・報道規制・言論弾圧を行った。市民は監視され、国民党に反対した者は粛清され、「スパイ」の罪を着せられた者は非人道的に扱われた。

＊

　現在 18 歳の私は、生まれた時から民主社会に暮らしています。私は人としての権利をすべて享受できることを知っています。今の台湾は、欧米各国のように社会運動への妨害は少ないけれど、「権利を求める」ということに、揺るぎない信念と執着を持っています。

　私も以前はごく普通の高校生として、青春真っ只中の学園生活に没頭していましたが、偶然にも本当の意味で政治

に関わるようになりました。2015 年 7 月、私は国の教育政策（政府による教科書や教科内容の変更）に抗議する社会運動に参加し、組織のスポークスパーソンになり、教育省の占拠に加わったのです。そのとき、私は初めて「自分が国民として負うべき責任とは何か」を知りました。以前の私は政治が嫌いでしたし、政界の出来事を無視することもできたはずでした。

けれども今の私は、自分の生活の中に政治と無関係な物なんて存在しないのだと気づいています。コンビニでおにぎりを買うだけでも、そこには税や政府のさまざまな政策が関わっているのです。こんな話を聞いたことありますか？──政治がとても興味深く人々が政治に関心を持って、例えば 1 日たった 5 分だけでもインターネットのニュースを読むようになった、それだけでも政治はより分かりやすくなり、官僚もより清廉潔白になり、政策効率も上がるのだそうです。

＊

私はもう 1 つの悩ましい問題にも気付きました。なぜ、若者に関する政策や、次世代の人々を左右する決定を、若者たちの倍以上の年齢の世代によって決められてしまうのでしょう？　日本とは異なり、台湾はいまだに「20 歳になるまで投票できない民主国家」です。今回の日本の投票年齢引き下げを知って、羨ましいと思いました。

民主とは、その名の通り民衆が「主」となることです。古代ギリシアのポリスに始まる民主の風を、現代もまだ皆が追い求め続けています。代議制の下で、我々にできることとは、国家と未来に対する希望を票に託すことです。

「自分で決めることができる」、それが民主の最大の価値です。けれど私と同じ年齢の若者たちは、この価値を信じず、疑いを持っていました。確かに、自分の 1 票は選挙全体からみれば取るに足らないかもしれません。でもこの 1 票は、ただ国の政治に対する責任を果たすだけではなく、自分が信じる「正義」を貫く行為でもあります。私たちには、若者として忘れてはいけないことがあると思います。自分たち自身が新しい世代の人間であり、この世界に対して発揮できる影響力も想像を超えるほど大きい、ということです。すこし気負いすぎかもしれませんが、大人たちはやがて齢をとる、私たちは成長する──つまり、いつか私たちが世界を担う中心世代になるのです。私にとって民主とは、そのような意味をもっているのです。

＊

　私は現在高校 3 年生で、大学入試のために一生懸命勉強をしています。けれども歴史の本を開くと、私はどうしても複雑な感情になってしまいます。今私が手にしている自由は、先祖たちがどれ程の血と涙を流して得たものなのか。その民主には、どれ程多くの期待や希望が託されているのか。そう考えると、今現在の民主と自由が私の首を絞めるようで、心も重たくなります。あまりにも当たり前のように生きている私たちは、これまでの歴史があったからこそ、楽しく生きていられるのです。民主は、私の学生生活にさまざまな選択の機会も与えてくれました。私が夢を追うための広い大空を与えてくれました。私にとって民主は、束縛のない自由な選択の可能性です。

　成長には挫折は付き物だと思います。二度と立ち直れな

いくらいの困難もあります。それでも立ち向かい克服することで、私たちは成長していきます。この数年、台湾には何度か大規模な社会運動がありました。政府に政策の不満を訴え、屈しない心で権利を追求するということを、私たちは行動で表しました。民主の尊い価値とは、民衆自身に判断がゆだねられていることです。絶対王制とは異なり、善悪を判断し選択する権利がある。私はまだ若いし、「時間」はまだまだいっぱいあり、この社会に無限の憧憬と期待を抱いていて、だからこそ今自分の目の前にあるすべてを大切にするべきだと信じています。

　社会運動に参加した経験のある人には、民主は時に人を挫折させ、まるで子ども騙しのお芝居にすぎないかのように感じられることもあります。同時に、民主は、私に理想を追い求める勇気を与えてくれました。終わったばかりの台湾の大統領選挙では、初の女性大統領が選出されました。しかもこれまでの与党に、大多数の選挙区で勝利したのです。なぜ人々は投票するのでしょう。それは政府に自分の気持ちを訴える最も簡単な手段だからです。私はあまり日本の政治環境には詳しくありませんが、これまでの経済の奇跡、安定した社会構造、災害対応能力と秩序を見て、日本は希望に満ちていると感じています。

　私と同じ年のあなたたちが、自らの信念で未来への1票を投じられることを祈っています。

（訳・伯川星矢）

Gina Wang　1997 年生まれ。台北市立成淵高等学校 3 年生。反課綱（学習指導要領改訂反対）運動・学生代表兼スポークスパーソン。

リスク覚悟で街に出る
——香港の法と社会と若者

周　庭（アグネス・チョウ）

ビりだった私

私の名前は周庭（アグネス・チョウ）、19歳、香港の社会運動学生組織、「学民思潮」（略称・学民）の元スポークスパーソンで、現在はその幹部です。

15歳の高校1年生のころ、私は、当時立ち上げてまだ1年の学民思潮に参加し、香港政府による「国民教育科目」必修化という「愛国教育の推進」に反対しました。

学民に入る前の私は、どこにでもいる普通の中学生でした。勉強は嫌いだし、日本のアニメは大好きだし、その上政治にはまったく関心を持っていませんでした。ビビりな私は、クラスメイトや先生の前で話すことも、プレゼンすることも、とても怖がっていました。

けれど、学民に入ってからは、デモ運動や街宣、会議などをかさねるうちに、だんだんと心に余裕がでてきて、視野も広がり、そのせいか、私はほかの同年代たちとは「違う」人になっていきました。4年前までの香港は、中学生や高校生が社会運動に参加することなどメジャーなことではなく、若者が街に出ることそのものに賛否両論がありました。すごく褒めてくれる人もいる反面、「中学生は社会

経験もないし、教養レベルも低いから利用されやすい」と意見する人も大勢いました。

後者の意見に、私たちはもちろん猛反対します。なぜなら、中学生にも独立した思考があり、社会の公民として民主や社会正義のために声を上げる権利がある、と私たちは考えるからです。

若者にとってのさまざまなリスク

今となってようやく、民主的な選挙によって信任されていない政府がさまざまな政治問題を引き起こし、これに対して若者が社会運動に参加することが、メジャー(あたりまえ)になりました。

私たちが参加する社会運動には、時間と汗のほかにも、刑事責任を負うリスクや、政治的な圧力をかけられるリスク、さらに私たちの前途へのリスクもかかっています。香港で民主や自治自決を実現する、そのプロセスでは、現政府(香港政府)と中央政府(中国政府)からの弾圧は避けられません。例えば、政府は学民思潮のメンバーをブラックリストに載せるために、メンバーの名簿を確保しようとしています。つい1～2年前には、さほど活動的でない学民のメンバーでさえ中国本土に入国拒否されたこともありました。

将来に関するリスクといえば、社会運動参加者、という「前科」がある私たちを、香港の大企業、特に中国資本の会社は雇ってくれないでしょう。もちろん、私たちはいろいろなNGOや政党で働くこともできます。

刑事責任についていうと、私たちは非暴力の市民的不服

従を主張し、制度に問題がある、と表明しています。例えば、警察に事前に申請しないデモをすることや（私たちは「事前申請不要」を主張しています）、市街地の占拠（2014 年秋に 79 日続いた雨傘革命など）によってです。中国共産党の圧力で、今の香港警察は政治の道具に成り下がってしまいました。市民的不服従は、いま香港人が使える手段の 1 つでもあります。雨傘革命が収束して、私も警察に逮捕されました。保釈を断りましたが、今のところ、まだ警察による起訴はありません。

それでも街に出る

じつは、この文章を書く数日前、私の雨傘運動での「戦友」が逮捕されました。学民思潮はもともと市民的不服従を主張する団体ですから、逮捕されること自体はそれほど驚くことはないのですが、今回の事情はちょっと違いました。

旧暦のお正月に学民思潮のメンバー一同は、大衆的な繁華街の旺角（モンコック）に出かけ、ふだんから警察に取り締まられている露天の飲食売店を応援していました。楽しく屋台で食事していると、突然、100 人ほどの警官が警棒と盾を持って強制退去を迫り、その結果、大規模な衝突事件に発展しました。

警察の「白色テロ」が仕掛けられ、一般大衆に「学民思潮は暴動の火種だ」と思わせるため、一切の暴力行為を行っていなかった私の「戦友」は「暴動罪」で逮捕されてしまいました。

香港では警察の権力が大き過ぎます。デモの自由を大幅

に制限する「公安条例」の下、学生運動に参加しただけでも、逮捕・投獄・前科などのリスクを負わなければならないなんて、日本のみなさんにとっては、おそらく理解しがたいと思います。日本では、警察に対抗するなんて「犯罪者」で「悪者」だと思われ、自業自得と思われるでしょう。香港の政治活動への検挙は激しくて、18歳や20歳であっても、逮捕される覚悟が必要なのです。

　香港人には、民主的な選挙にもとづく政府がなく、直接選挙で選ばれた立法会(国会)もありません。(ニュースで知っている人もいると思いますが)中国に批判的な本を扱う書店主の李波(リー・ポー)氏は「失踪」させられ、警察は警棒を振り回しても懲戒処分がない。逮捕されたあとで被疑者が暴力をふるわれるとか、弁護士と面会が許されないなどという不公平は、もはや単なる政治問題ではない、人間の尊厳にかかわる問題だと思います。

　だから私たちは民主を求め、強権に反抗するのです。私たちが人間としての尊厳を守るために。

　私たちは「悪者」じゃない。私たちはこう思うのです、私たちのこの行為が法律違反だとしても、これは犯罪なんかじゃない、と。

　私たちはただ、社会に正義が満ちるように願い、街に出た若者たちなのです。

(訳・伯川星矢)

しゅう・てい　Agnes Chow　1996年生まれ。香港浸会大学社会科学部政治・国際関係学科2年。

異なる意見に出会い
ながら

山森 要

も し、「あなたは選挙権を得て、どんな気持ちです
か」と聞かれたら、私はすぐに「嬉しいです！」
と答えると思います。

昨年 18 歳になった私は、2016 年夏の参議院選挙から
初めて選挙権を手にし、投票に行くことができます。これ
は私にとって大きな変化です。

1 年ほど前までの私は、政治や社会について考えたり声
をあげたりするような高校生ではありませんでした。政治
のことはよくわからない、自分とはかけ離れたものだと線
を引いていました。けれど今の私にとって、政治は自分と
切り離すことができないものです。

私がそんなふうに思うようになった経緯を思い返してみ
ると、そのきっかけは高校 2 年の夏にあった韓国の高校
生との出会いです。

私が通っている高校では選択授業があり、自分の興味の
ある分野の授業を選ぶことができます。韓国の音楽に興味
があった私は、実際に韓国に行って、韓国の高校生と交流
することができる韓国講座という授業を受講しました。高
校 2 年の夏休みに交流をしたとき、日韓の高校生で集団

的自衛権について話し合う機会がありました。それは、ちょうどそのころに、自民党から集団的自衛権の行使を認める法案が国会に出され、韓国でも話題になっていたからです。お互いの意見を出し合い、議論もするなかで、韓国の１人の高校生が「アジアの平和」という観点から集団的自衛権の問題点について意見を述べていました。

　それは「日本の政府は、国民の平和と安全を守るために必要だと主張しているが、実際には日本が集団的自衛権を行使できるようになれば、アジア全体の緊張を高めることにつながる」というものでした。

　自分と同じ高校生だけれど、こんなにも広い視野で物事を考え、しっかりと自分の意見を持っていることを知り、とても刺激を受けました。

　ある日本の高校生からは、憲法９条の紹介と平和のために日本がするべきことについて意見が出されました。

　それぞれの発言を聴くなかで平和や憲法について今まで深く考えてこなかった自分を情けなく感じ、「もっと学ばなければいけない」と思いながら帰国したことを覚えています。

　そんな時、友人から若者憲法集会（2015 年の６月14 日に渋谷で開催された集会）の高校生分科会実行委員にならないかという誘いを受け、メンバーに加わりました。実行委員会では、集団的自衛権の問題について学び、理解を深めました。

　学んでいくうちに、戦争によって儲けようとしている人がいることや、自分たちの払っている税金が、他の国の人を傷つけるための武器になってしまうかもしれない、とい

うことを知りました。身のまわりに溢れている情報が、本当に真実なのかを疑うようになり、社会で起きていることを自分のこととして捉えるようになりました。

2015 年、集団的自衛権を含む「安保法」をめぐって、SEALDs をはじめとした学生や高校生が反対の声をあげ、全国的な動きになりました。私は学校の友達と一緒に、歌で平和を訴えようと夏休み中に集まり、Sing for Peace という有志グループを立ち上げ、国会前で歌を歌いました。

歌という表現方法を選んだのは、単純に歌うことが好きという理由もありましたが、歌でなら、自分たちにも平和への思いを表現できると思ったからです。思いを発信する手段は、何かひとつに限定されているわけではなく、いろいろな方法があってもいいと思います。

投票も思いを発信するひとつの手段です。「自分の 1 票では何も変わらないから投票に行っても意味がない」と、諦める声を聞いたことがあります。学校で 3 学年を対象に、18 歳選挙権に関するアンケートをしたのですが、投票に行きたい、という人が思っていたよりも少なく、わからない、という人が圧倒的に多い結果になりました。その理由として多かったのが「自分の 1 票では変わらない」という声や「政治についてよくわからない」という声でした。確かに 1 人の 1 票は小さいかもしれません。しかし、そういう小さな 1 票が集まって今の社会ができています。だから私は自分の 1 票を大切にして、投票に行こうと思います。

こんなふうに考えるようになったのも、政治についてよくわからない、というところから出発したからです。知ろ

うとしなければわからないのは当たり前で、それをわからないままにするのではなく、自分なりに学びにつなげていくことに大きな意味があると、気がつきました。

　今の私たちの選択が、これからの社会や自分たちの未来をつくっていきます。逆に言えば、今を生きている私たちにしか変えられない未来があるということになります。

　そして、"変えたい"という思いを行動に移して初めて、"変える"ことが実現できるのでは。私は社会が抱えている問題を知り、それが自分自身とつながっていると気づいたとき、今自分にできることを何かしようと思うようになりました。"自分はどういうふうに生きていきたいか"という問いが自分の中で生まれ、社会に向けて声をあげるという選択につながっていったのです。

　私たちに必要なのは政治や社会について自由に考え、意見を言い合えることだと感じています。自分とは異なる意見に出会い、お互いを尊重する中で、自分の意見を発信しても大丈夫だという自信になっていきます。

　私はそういう経験を、たくさんの同世代の仲間たちと一緒に積み重ねていきたいです。

やまもり・かなめ　1997 年生まれ。学生。

一個人として、問い
つづける

小原美由紀

ブッシュ大統領はバカや！ 戦争は絶対にダメや！
——2001 年 9 月、長男のその一言が、私を動かしました。

　私は高校時代を、石川県小松市で過ごしました。野球部のマネージャーで、目指せ甲子園の日々。当時、政治や社会のことには関心がなかったけれど、最近になって思い出すのは、通っていたのが「直接民主制」をとっている高校で、全校生徒が体育館に集まって決め事をしていたな、ということ。古代ギリシャみたいだったのですね。

　銀行員をしていた 23 歳の時、友人に誘われて「平和サークルむぎわらぼうし」に参加しました。当時は小学校の先生を中心に、石川在住の被爆者の方、金沢大学の学生も参加していました。月 1 回の例会では、被爆体験の聞き取りや、その時々の社会や歴史の中にかくされた戦争と平和につながるテーマを注意深く取り上げて、話し合いました。現在も続いていて、今年で 30 年目になります。

　結婚して 3 人の息子に恵まれ、末っ子が 1 歳の時、9.11 が起きました。「戦争」「平和」という言葉が話題に

も上らない時から、常にそのことを考えてきた「むぎわらぼうし」のメンバーでさえ、あの時は声を失っていました。世界最強の米軍が、いつどのような方法で、9.11 の報復という名目でアフガニスタンに攻撃を仕掛けるかを、世界中が注目していました。その地では、厳しい寒さのため、またきれいな水にアクセスできないため、下痢や風邪といった病気で子どもたちが命を落とすこともあると私は聞いていました。そこで戦争が起きたら、まっ先に犠牲になるのは、なんの罪もない子どもたちです。

　そんな時、当時小学校 3 年生だった長男がテレビに向かって言ったのが冒頭の言葉。ガツンときました。そうだ、ただその日を待つなんてできない。祈ったり、願うだけでは足りない。何か行動しなければ、子どもたちを守れない。

　「私は、戦争はいやです！」と、声をあげなければと思いたち、友人 3 人と、あちこちに声をかけ、2001 年 10 月 6 日、初めてのピースウォークを金沢で実行にうつしました。短期間の呼びかけにもかかわらず、120 人もの人が参加してくれたことには驚きました。世の中の動きに対しておかしいと思い、行動しなくては！　と考えていた人が、こんなにたくさんいたことに、とても励まされました。

　それから、ピーススタンディング、アフガニスタンで長年にわたって医療や農業の支援をしている中村哲医師のビデオを観る会、シール投票（後でくわしく説明します）、アフガニスタンの女性と子どもの写真展……。「この指とまれ！」と仲間を集めて、矢継ぎ早にいろんなことに取り組んできましたが、取材を受ける時にはいつも、「どんな団

体ですか？」と聞かれました。個人の集まりです、と言ってもなかなか理解してもらえなかったことを思い出します。

今でこそ一般的になってきた街頭での「シール投票」に金沢で初めて取り組んだのは 2001 年 11 月 11 日。これは敷居の低さがポイント。日本人はシールが好きで、向こうから「なになに？　貼る貼る！」と集まってくる女子高生。匿名性もあります。シールを貼ったのをきっかけに路上で、見知らぬ市民同士が語り合う場が生まれました。取材する側からみると、シール投票は写真や映像で報道しやすく、政治的なテーマについて、メディアが市民に意見を聴きやすい。そのようなことから、少人数の取り組みでも、風を読んだタイムリーな設問であれば、新聞・テレビなどが来てくれるようになってきました。報道されれば、こういう市民の声があるんだ、と認知されるし、三方よしのピースアクション。

大きな広がりを見せたのが 2004 年 11 月、自衛隊のイラク派遣の延長に関してのシール投票でした。小泉首相は派遣延長について「国会における議論や国民世論の動向を踏まえつつ総合的に判断する」と繰り返していました。

私は、「世論の動向」って、どうやってみるんだろう？と不思議に思いました。新聞の 1 面に載る世論調査は、だいたい 1000 人くらいにきいた結果。「1000 人くらいなら、みんなでやれば集まるかも……」と思い立ち、11 月 5 日に石川県の数人で始めました。それが、ML（メーリングリスト）や新聞などで話題が話題を呼び、北海道、宮城、富山、埼玉、千葉、東京、神奈川、静岡、京都、大阪、岡山、島根、福岡、長崎、沖縄と広がり、最終的には

全国 24 都道府県、70 カ所以上で 1 万 3000 人近くの投票を集めるまでに広がりました。路上に立ったのはこれまで平和運動になどかかわったこともないという人を含む、のべ 345 人。全国で市民が街に飛び出し、自分たちの手で「世論」を集めたのです。最後には集計し、結果を内閣府に届けました。

　「民主主義ってなんだ！」。2015 年夏、SEALDs を中心にして幅広い年代が審議中の安保関連法案に反対して立ち上がり、声をあげました。国会前で、渋谷の路上で、これまでに見たことのない光景が繰り広げられました。

　SEALDs の奥田愛基くんは言いました。

　「おかしいことはおかしいって、僕ら、言ってもいいんですよ！」

　市民が街かどで、市民に政治を問う。団体に属さない一個人が意思表示をしてもいい。そんなささやかな場を、ひたすら守ってきました。そういう言葉は持ちあわせていなかったけれど、民主主義って、これだったのかな？

　長男の一言から 15 年、今年も金沢では、ピースウォークを歩きました。毎年掲げるテーマは、社会の状況、私たちの置かれた位置、そして沿道の人たちに何を伝えたいのかを実行委員で徹底的に話すなかで生まれてきます。

　今年のテーマは、「抱きしめるだけでは守れない、PEACE に VOTE！」。

- -

　こはら・みゆき　1964 年生まれ。ピースウォーク金沢実行委員。

幼少青壮老の五連帯で

むのたけじ

こ のたび選挙権を手にした 18 歳、19 歳の皆さん、おめでとう。おいでを待っていました。腕を組んで社会の希望を耕しましょう、と大声で叫びたい。これが私の真情です。けれど、この思いが強ければ強いほど「それを言う資格がお前たちにあるか」と心の足を引っ張られる。その思いを、まず聞いて下さい。

皆さんを待っている政治に参加する仕組みはあまりに貧弱です。大部分の国民にとっては数年ごとに行われる選挙で投票所に足を運び、小さな紙に立候補者の名前か、政党名を書いて投票箱に入れる行動だけです。どの主張が実行されるかは、選ばれた人たちの力関係で決まります。このような行事を何回繰り返してもムダだと考える国民が増えたのか？　投票率が 20% 台のことがしばしば見られます。これが日本国の民主制度の現在の実体です。恥ずかしい。

デモクラシー＝民主主義は、人類がこの数世紀の苦悶の末に確立した道しるべです。だから、ほとんどの世界各国はそれを政治の土台にしていますね。どんな独裁も専制をも許さず、国家社会を構成するメンバー全員が合議して、納得ずくで進路を決めることが「民主」の原則ですね。そ

のための行動が投票行為ですが、それで少数派が否定されるのでは「民主」とは言えませんね。だから、世界各地で政治の行き詰まりゆえに危険な社会状態が続出してきましたね。もっとも悲しいのは戦争です。

　私は 1915 年 1 月に生まれた。第 1 次世界大戦が始まって半年後でした。それから、45 年のポツダム宣言受諾による戦争終結までの 31 年間は戦争ずくめの社会生活でした。21 歳の時にジャーナリストとして働き始めましたが、戦争をやるかやらないかを国民投票で決めた国家はひとつも見たことがありません。

　それでどうなったか。第 1 次世界大戦では、参戦した約 30 カ国の死者総数は少ない統計でも 900 万人だった。第 2 次世界大戦では、参戦した約 20 カ国の死者総数は 8500 万人との統計がある。

　「何としても第 3 次世界大戦は防がねばならぬ」これが、これまで 101 年を生きてきた私の願いの一切です。だから、真実の民主主義を貫徹せねばならない。

　では、今人類は何をするべきか？

　人間社会の対立を処理する手だては、一国の内部であれ、国際対立であれ、突き詰めればふたつの道になりますね。ひとつは対立を増大させて戦争で勝敗を争う道ですが、これまでの人類はこの道を繰り返し、いつも対立の火種をリレーしてきました。対立を処理するもうひとつの道は、対立を対話に変えて、とことん語り合って、双方を一対の協力に導く道です。これこそが争いの火種を絶ちますが、この努力はこれまであまりにも不足していました。

　どの解決手段を選ぶにしても、現実の社会では政治手段

が中心になって進められています。この仕事に国民全体を参加させたら、船頭が多くて船が山に登るたとえになるだろう。それゆえに現在のような代議制度の採用はやむを得ないとして、そのために民主の原則の本末を転倒させたらあまりに情けないことですね。

　現在の代議制度のもとで民主の根幹を守るには、あらゆる人々の努力が必要です。人間に対する不当な差別や迫害はいつどこでも許さない。この状態を人間みんなで守り進んでいくのです。そのために男も女も、幼少青壮老の五連帯を固めて力を合わせなければならない。

　国民が選挙の時に、政党や政治家が提出する政策提言を採点するだけでは情けない。全員がこんな世の中にしたいと望んでいることを日常の生活の場で精一杯の大声で互いに叫び合うことです。そうすれば社会の進むべき道がはっきりと見えてきて、政党や政治家たちを教育するでしょう。すでに、あなた方若者たちが新しい路線を作り始めていますね。それが多くの人々を励ましていることを私はあちこちの活動の場で感知します。

　五世代を文字で書けば、「幼少」と「壮老」を結ぶ中心は「青」です。新しい歴史を創っていく若いあなた方と共に、私たち老いた者たちも人間とは、人生とは、世界とは、人類とは、希望とは何かについてまともに回答したい。私たち老人にもどしどし仕事を言い付けて下さい。さあ、みんなで一段と固く腕を組みましょう。

むの・たけじ　1915 年生まれ。ジャーナリスト。著書に『希望は絶望のど真ん中に』『99 歳一日一言』など。

民主主義という道具を使いこなす

上野千鶴子

民主主義は道具だ。何を決めるかではなく、いかに決めるかについての、不完全で欠陥の多い、しかし、今のところこれに代わるこれ以上のものがないと思われている、道具である。民主主義という道具を使うにあたって、次のふたつのことは、念頭に置いておいたほうがよい。

　第1は、民主主義はたんなる道具だから、それを使ってつくる作品の質を保証しない、つまり何を決めるかの決定の正しさを、すこしも保証しない、ということである。どんなに民主的に決められたことでも、困ったこと、間違ったこと、愚かなことを決定する可能性はいつでもある。なぜなら、それは人間という不完全で限界のある存在が決めることだから。例えば、20世紀の初めには、世界でいちばん民主的な憲法と言われたドイツのワイマール憲法のもとで、きわめて「民主的」にナチスの独裁政権が成立した。21世紀の初めにも、9.11以後のアメリカでブッシュ大統領が始めたイラク戦争にアメリカ議会の大多数が賛成したが、あとになってその戦争には大義もなければ根拠もなく、結果は失敗だったことがわかった。

なのに、なぜ民主主義が擁護されるかといえば、それは意思決定者である主権者が納得して決めたことだから。失政も愚策も、主権者が自らそのツケを負うことになる。そうでなければ、わたしたちは、君主や独裁者など──たとえそれが「賢人」であれ──他の誰かの決定に、自分の運命を委ねることになる。主権者であるとは、「自分の運命を自分で決めることのできる、他人に譲り渡すことのできない至高の権利」の保持者である、ということだ。主権を行使する、とは、この意思決定権を行使する、ということである。主権者には「間違う権利」もあるが、だからこそその結果を引き受ける責任もある。自分の運命を他人任せにしない、ということが民主主義の核心にある。

　第2は、民主主義は道具だから、使い方に習熟しなければならないし、使わなければ錆びる、ということだ。民主主義は選挙や国会の中だけにあるのではない。ものごとを取り決める過程のすべてに、民主主義という道具は関係する。それならその道具に習熟するには、子どものときから、家庭や学校や地域のすべての場所で、民主主義を学んで身につける必要があるのではないか。学校で教師が「みんなで決めた規則だから守りましょう」という。それが納得できないのは、「みんなで決めた」といいながら、その実「教師が押しつけた」規則だからだ。生徒が規則を守るのは教師に服従しているからで、納得しているからではない。こんな学校には民主主義はない。あるいは家庭で今日の食事は誰がつくるのかをどうやって決めているだろうか。妻だからつくるのがあたりまえ、夫だから遅く帰ってもかまわない、というのは、規範や習俗や男女の力関係に従っ

た支配─服従関係にほかならない。お互いに納得のいく話し合いの結果でなければ、家庭に民主主義があるとはいえない。

1994 年、国際家族年の標語は、「家族から始まる小さなデモクラシー（民主主義）」というものだった。家族は社会の最小単位。そこに民主主義がなければ、それよりもっと大きな社会に民主主義が拡がることはのぞめない。ちなみに企業や軍隊のなかに、民主主義はない。指揮命令系統のもとで支配と服従があるだけだ。

もうひとつ付け加えれば、民主主義はひとつではない。代議制民主主義だけが民主主義ではないし、多数決だけが民主主義ではない。間接民主主義だけでなく、直接民主主義もある。熟議民主主義もあるし、ラディカル・デモクラシーもある。民主主義は欠陥の多い道具だから、いろんなひとたちがいろんなしかたで、試行錯誤しながら道具を精錬しているのだ。

そう思えば、民主主義という道具を使うのは、思ったよりもたいへんなことがわかるだろう。日々の暮らしのなかで、民主主義を使わなければ、民主主義は学べない。家庭のなかで、学校のなかで、地域のなかで、話し合いをすること、異見を言うこと、異見に耳を傾けること、少数意見を排除しないこと、話し合いの前と後とで、自分と相手の意見が変わること……そういうテマヒマのかかるめんどくさい過程を経て、関わるひとたち全員が納得できる意思決定が行われる経験を積み重ねなければ、民主主義は身につかない。

わたしがとっても心配なのは……いまのあなたの家庭や

学校に、民主主義を学ぶ機会はあるだろうか、ということだ。民主主義は、18 歳になって選挙権とともに突然あなたに与えられるわけではない。18 歳までに、あなたがどんな環境で育ってきたかも問われるのだろう。それを覚えておいてほしい。

うえの・ちづこ 1948 年生まれ。社会学者。著書に『サヨナラ、学校化社会』『当事者主権』『セクシィ・ギャルの大研究』『おひとりさまの老後』など。

〈人間〉であることの証し

姜 尚 中

18 歳になる皆さんは、選挙権を与えられ、投票所に行くことができるようになります。でも、皆さんの中には、別に自分は望んでもいないのに、大人たちが勝手に自分に選挙権を与えて、投票所に行って自分の責任と判断で1票を投じなさいと一方的に決めて迷惑だと思う人もいるかもしれない。一体、どんな基準でどんな政党やどんな候補者を選んだらいいのか、まったく教わっていないし、そもそも選挙権って何なのか、自分にはよくわからないのに、さあ、これからは有権者として1票を投じる資格があるんだと言われても、困ってしまうと思う人もいるに違いない。

そもそも、選挙とは何なのか、なぜそれが大切なことなのか。選挙権はひとつの権利なのか。それとも、投票所に行くことは義務なのか。次から次に疑問がわいてくる人もいるでしょう。

それでも、私は皆さんに与えられた権利（選挙権）を行使して欲しいと願っています。なぜそう願っているのか、少し話をしましょう。

まず、私の年齢は60代の半ばで、しかも政治学を専修

してきました。前期高齢者のカテゴリーに属し、しかも政治学を専門としてきた学者ならば、当然、これまで有権者として何十年にわたって選挙の度に投票所に足を運んだはずだと思うでしょう。実を言うと、私は一度もそんなことをしたことがないのです。そもそも、選挙権が私にはないからです。少なくとも、日本国民には属していない私は、日本で生まれ、日本語を母語とし、戦後70年の大半を日本の地で過ごし、ある意味で最も「日本」的なものに馴染んでいるにもかかわらず、私は外国籍（大韓民国）の「永住者」であるため、日本では選挙権が与えられていないのです。

選挙権が欲しいなら、「帰化」して、日本国籍を取ればいいじゃないか。そう思う人もいるかもしれませんね。どうしてそうしないのか。このことを説明するだけで、大変なスペースが必要なので、ここでは割愛しますが、要するに、私はあえて、この国で〈人間〉であることを自ら断念し、逆にそうでないことを主体的に選ぶことで、〈人間〉であることが当たり前の人々に、〈人間〉とは見なされていない隣人がいること、それは何を意味しているのか、考えて欲しいと願っているのです。

それでは、ここで言う〈人間〉とは何を意味しているのでしょうか。この場合の人間とは、一言で言えば、〈公的な存在〉として他者から、社会から〈承認〉を受ける人間のことです。では〈公的な存在〉とは何でしょうか。それは、そうではない存在によって明らかになるはずです。

たとえば、シェークスピアの名作『ベニスの商人』の主人公・シャイロックのことを思い浮かべてください。猜疑

心の塊で、守銭奴のユダヤ人。彼は、市政の共同の決まり事を決めることに携わる権利をまったく奪われていました。そもそも、彼には被選挙権はおろか、選挙権すら与えられていなかったのです。ひたすら、私的な領域でカネの亡者となって、カネの力で政（まつりごと）の世界（＝公的な世界）に「現れる」〈人間〉たちに復讐しようとしているような歪んだ心の持ち主です。つまり、彼は、〈公的な存在〉として他者から〈承認〉され、公的な世界に「現れる」機会を剝奪されている、〈人間〉ではない人間なのです。私の勝手な解釈ですが、シャイロックの苦悩は、実は、自分が〈公的な存在〉であることを拒絶された人間……〈人間〉とは認められない人間であることの自覚から生まれているように思えるのです。そうした〈公的な存在〉とは認められない人間は、全的な意味で〈人間〉とは言えないのです。なぜなら、そこには、共同体の公共的なことがらに関与する資格が与えられず、そのメンバーであると〈承認〉されていないからです。

　国民主権に基づく民主主義は常に、そして今も、国民共同体の内部や周縁にそうしたシャイロック的な、〈人間〉ではない人間を生み出し、抱え込んできました。その極限にいま、ヨーロッパを震撼させている「難民」という存在の問題があるのです。

　私は、あえて言えば、日本の植民地支配の「生きた証拠」として、これまでシャイロック的な、〈人間〉ではない人間として生きることを選びました。なぜなら、私の代までは「日本人」の国民共同体の内部にそうした存在が永住していることの意味を、〈人間〉としての日本国民に考え続

けて欲しいと願ってきたからです。

　18歳の皆さんは、シャイロックや私と違って、〈人間〉として他者から、社会から〈承認〉され、〈公的な存在〉として「現れる」ことができることになるのです。選挙権を行使することは、そうした〈公的な存在〉として「現れる」ことを意味しているのです。

　そこで、私は、〈人間〉ではない人間を〈人間〉として〈承認〉できる社会の到来のために、皆さんが自分に与えられた貴重な権利をフルに使うように心掛けて欲しいと願っています。それは、皆さんが〈人間〉であることの証しでもあるのですから。

かん・さんじゅん　1950年生まれ。東京大学名誉教授。政治学。著書に『マックス・ウェーバーと近代』『オリエンタリズムの彼方へ』、小説『母 オモニ』『心』など。

「よく生きる」ために考える

中村桂子

社会のありようを考える時、制度以前にその構成員1人1人が「生きる」ことを大切に思い、「よく生きる」ために考える人であることが重要だと思っています。そうでない限り、どのような制度であっても皆が生き生き暮らす社会になることは難しいでしょう。社会は誰かが作ってくれるものではなく自分たちが作るもの、そのような意識を持った時、1人1人の考えや思いが最もよく反映される制度として民主主義が思い浮かびます。

私の専門は「生命誌」です。地球に暮らす多種多様な生きものは、皆38億年前に地球の海にいた細胞を祖先とする仲間であることが明らかになりました。私たちが今ここにいるのは、38億年もの長い歴史あってのことであると考えると、理屈抜きで仲間と共に「生きる」ことの大切さが身に沁みます。食べる、寝る、子孫を残す……それぞれの生きものがその特徴を生かして懸命に生きているのが地球なのです。

その中での人間の特徴は「考える」能力です。たとえば食べる場合も、人間は安全で美味しくて健康によいものを誰もが食べられるようにと考えます。このように、「生き

る」ことと「考える」ことを一体化すると「よく生きる」という目標が生れます。そして、よく生きようとして暮らす時、それに合わないのが暴力と権力であることに気づきます。これを振り回さない社会になるよう努めようと強く思います。

　暴力と権力を最も露わにするのが戦争です。残念ながら人間の歴史は戦いの歴史でした。近年の研究で、仲間を殺戮する生きものは、人間に最も近いチンパンジーだけとわかってきました。しかしチンパンジーも近くにいる集団とは戦うけれど、遠征してまで戦うことはしません。人間だけが考える能力を持ち、その能力によって、開発した技術で戦争をする……残念ながらおかしなことになっています。人間の能力を生かしたのだから戦争を肯定する……それはないでしょう。無人機の空爆によって、普通に暮らしている親子のいのちを奪うところまで来てしまった今こそ、私たちの考える能力を、それを否定し他の道を探る方向に向ける時です。今起きているテロを含めた紛争の解決に、最低限の軍事力は用いなければならないかもしれません。しかし、今や軍事力を最低限にし、更にはそれをなくす方向を探る決心の時です。

　幸い、日本は不戦の憲法を持っています。第2次世界大戦後、世界中が今後この種の戦争をしたら未来はないと思って作ったのが国際連合でした。その流れの中で生れた日本国憲法の第9条は、日本だけを意識したものでなく戦争のない世界への願いがこめられた「時代の産物」です。これを、次への一段としなければ、私たちは「考える」を捨てたことになる。私にとって今、民主主義を生かす最も

具体的なあり方はこれです。イデオロギーの問題ではなく、人間として子どもの時代、孫の時代の地球を考えると、どれだけ難しくても、暴力と権力に向かわない道を探るために皆の知恵を生かす時なのです。

　議会制民主主義の中で私たちができることとして、選挙への参加は当然ですが、それ以外は、国のありようのすべてを国会に任せてよいかとなるとそうではありません。とくに国会が、「考える」を基にした話し合いをしておらず、多様な意見に耳を傾けて合意点を探る過程を拒否している時には、議会の外での言論や行動が大切です。それを否定する権力の動きは民主主義とは最も遠いものです。

　そんな中で、「政治へのパートタイム参加こそが民主主義である」という言葉を知りました。それを実感するのは地方政治です。私は東京都 23 区の住民であり、日常は区という単位で政治との関わりを強く感じています。子どもの学校、高齢者の施設、道路、緑などの環境……それらに関わる自治会や NPO での活動を通じて参加意識を持つことができます。思いがけない道路建設計画や樹木の伐採などに出会うと、その意識を持たざるを得ません。皆が気持よく暮らせるようにと活発なボランティア活動をしている人たちの仲間に時々加わりながら、これが地域を支えていると実感しています。その体験から、地域の政治は「全員のパートタイム参加」を基本にするのがよいと思います。議員という職業がかなりの年俸や活動費を保障するために、それが権威・権力につながり普通の人の生活感覚から離れていると思うことが少なくありません。たとえば、緑を大切にという、生活の質に大きく関わりながら経済とは遠い

活動は、議会を通して行政が行なうより、ボランティア活動団体の方が質の高い成果を安価で出せます。地域の政治は本来パートタイムというのは海外ではよく見られます。高額の議員報酬などない、我が町をよくしたいというボランティア精神での政治参加です。

　地域創生、分散化という声がかかりながら一向にそちらへ行きませんが、民主制を本物にしたかったら地域からだと強く思います。更には、自分の属する職場や学校で1人1人が「考える人」として存在することが基本になります。

　18歳からの選挙参加開始を機に若い人に民主主義を考えて欲しいというメッセージを、と依頼されましたのに、私の日常で終ってしまいました。けれど、年齢に関係なく「生きる」ことを大切にし、よく生きることを求めることこそ「普通の人」の生き方であるとして考え続けることが民主制の基本だと思っています。

なかむら・けいこ　1936年生まれ。JT生命誌研究館館長。専攻は生命誌。著書に『科学者が人間であること』『生命誌とは何か』『知の発見──「なぜ」を感じる力』『絵巻とマンダラで解く生命誌』など。

若者の意思が日本を変える

山極寿一

19 70 年に 18 歳になった私は何をしていたか。今その時代を振り返ると、いろいろな思いが胸をよぎります。前年に東大安田講堂が機動隊に包囲され、籠城していた学生たちが検挙されました。それまで燃え盛っていた高校紛争も急速に勢いを失い、高校生たちも目の前の目標がなくなって茫然としていました。自主ゼミを開いて日本の将来や人間としての生き方を論じ合っていた高校生は、突然受験という現実に立ち戻らなくてはならなくなったのです。何人かの仲間は大学受験を拒否して自由な道を選び、卒業式もないままにそれぞれの道へと散っていきました。大学に入学して京都に来た私は、大阪で開かれた万博会場で世界の動きに目を奪われ、11 月にはテレビのニュースで三島由紀夫の割腹自殺を知りました。ひとつの時代が終わったことを鮮明に感じたのはこのときです。

あのころ、私たち高校生は何を考えていたのでしょうか。マルクス、レーニン、サルトルなど多くの思想家の名前が浮かぶのですが、いったい私がどんな思想に取り付かれていたのか、はっきりとは思い出せないのです。デモや抗議集会に参加しましたが、その実行組織に共感したからでは

なく、日本の政治が少数の政治家とアメリカの主導によって舵を取られているという不信感、自分たちの意見が通らないままに日本の未来が決まってしまうという不安が大きな動機だったように思います。とくに、ベトナム戦争への軍事介入、人種差別の撤廃を目指す公民権運動への弾圧、沖縄復帰をめぐる協定、核兵器の保有、などについてアメリカへの警戒心が募る中で、日本が自立的な方針を立てないことに対する苛立ちもありました。

あのとき、今回のように政治参加を目前に控えていたら、高校生はもっと落ち着いて行動したでしょうか。いや、そんなことはない、と私は思います。高校紛争や大学紛争は日本だけの出来事ではありませんでした。世界中の若者たちが、これから生きる未来の社会のあり方に対して意見を申し立てようとしたのです。1970年代は国連人間環境会議で人間環境宣言が採択され、未来に生きる世代の価値を考慮して開発を行うことが義務付けられた時代です。現代に生きる人間の価値観だけでなく、未来の価値観が担保されるような配慮が必要だということを世界中で討論していました。若者たちはその気配を感じ取っていたに違いありません。それをいち早く若者たちは行動に移したのです。

18歳は人間の成長にとって大切な分岐点だと思っています。4歳ぐらいで脳の大きさがおとなと同じになるゴリラなどの類人猿と異なり、人間の脳は12〜16歳まで成長を続けます。ゴリラの3倍に達する大きな脳を持つ人間は、その急速な成長にエネルギーを回すため、身体の成長を遅らせます。脳がおとなの大きさに達すると、今度は身体にエネルギーを供給できるようになって、体の発達が

加速するのです。性ホルモンも分泌をはじめ、女らしさや男らしさが際立ってきます。これを思春期スパートと呼び、ちょうど高校生がこの時期に当たります。心身のバランスが急速に変わるので、高校生は周囲の人々の助言を聞きながら、その経験を取り入れて自分の社会における位置を作らなければなりません。18歳という年齢はまさにその社会化と自立の時期なのです。自分の能力に対する自覚と社会への関与が求められる年齢だと思います。

　京都大学の時計台にある迎賓室には、「学徒出陣」と題する須田国太郎画伯の絵が掛けられています。須田は京都大学文学部を卒業後、絵画の道を志してヨーロッパに学び、京都大学の学生が召集されて出陣する場面を描きました。それは1943年11月20日のことで、快晴の比叡山を背に学生たちが行進するさまを、須田は実に暗い色調で描きました。「華々しさというものは微塵もない。恐ろしく捕らえにくい黒い一塊の中にうずくまる、ある気魄の発散である」と、須田はその印象を語っています。この戦争では京都大学から4700名に上る学生が入隊し、文系の学生はそのうち8割を超えました。約260名の学生が戦没者として確認されています。当時、選挙権は25歳以上の男子と定められており、多くの大学生には政治に参加する資格が与えられていませんでした。20歳以上の男女に選挙権が与えられたのは戦後になってからのことなのです。学徒出陣に参加した学生たちは自分たちの意思ではなく、上の世代の決定によって戦争に駆り出されていたのです。このことはしっかりと心に留めておかねばなりません。

　今回の選挙法改正が、18歳から20歳までの若者の希

望によって実現したわけではないことが、私を少し不安にさせます。今、日本は矢継ぎ早に法制を変えながら新しい道を歩もうとしています。それによって大きな舞台に立つのは若者たちです。自分たちの意思が政治に反映される機会を与えられたのですから、政治決定に対して責任も生じます。それを十分肝に銘じて、揺るぎなき未来を築くために確かな1票を投じてください。若者の参加によって日本は確実に変わると思います。18歳の私たちが抱いた夢が、再び若者たちの心に宿ることを期待しています。

やまぎわ・じゅいち　1952年生まれ。京都大学総長。専攻は人類学・霊長類学。著書に『ゴリラとヒトの間』『暴力はどこからきたか』『家族進化論』など。

勝手にしやがれ、
ヘイ！　ブラザー
──脱構成的権力の思想

栗原　康

**くらが票をいれたくないのは、
この選挙というシステムそのものなんです**

ちょっとまえに、映画『鈴木先生』（2013年）をみた。超おもしろかった。テーマは民主主義。主人公、鈴木先生がいる中学校を舞台に、いろんな切り口から民主主義について考えさせてくれる。

ものがたりの前半、山場は生徒会選挙だ。鈴木先生が担当する2年A組からは、ふたりの生徒が立候補した。うち、ひとりがふだん人前にでたり、目立った行動をとるのがきらいな出水くんだ。この出水くんが演説会でやらかしてくれる。

出水くんは演壇にたって、こういった。「ここに全員参加で実現する公正な投票選挙というポスターがあります。みんなこれをいいことだとおもっている。でも、ほんとうにそうでしょうか」。たとえ、その意見が少数派でも、生徒会で本気でなにかやりたいとおもっているやつらもいる。でも、選挙では勝てない。多数決だからだ。逆に、その意見が多数派であれば、たいして本気じゃなくても勝ってし

まったりする。これって、不平等じゃないのか。そもそも、ひとの意思を数ではかるのはおかしいのではないか。投票なんてクソ喰らえと。しかも生徒会選挙では、全員投票が義務づけられていて、ボイコットさえもゆるされない。逃げ場所がないのである。出水くんがそういうと、ある先生がきみたちには白紙投票をする権利があたえられていると反論する。でも、すぐに出水くんの仲間がきりかえした。「それじゃ、選挙をみとめることになるじゃないですか。ぼくらが票をいれたくないのは、システムそのものなんです」。圧勝だ。

　さて、ここからが後半。ものがたりは卒業生がメインになってくる。大学をでたあと、就職に失敗し、ニートになったふたりの青年。かれらは実家で腫物にでもふれるようなあつかいをうけていたので、近所の公園のベンチで、タバコを吸うことだけを救いに生きていた。でも、ある日、公園の管理者に不審者がいるとのクレームがはいり、公園から灰皿が撤去されてしまう。禁煙だ。ふたりの青年は途方にくれた。どこにも逃げ場所がなくなった。翌日、青年のひとりが精神的においつめられてしまい、どうしようもなくなって、両親の頭を金属バットでかちわってしまう。逮捕だ、むねん、こんちくしょう。これをしってブチ切れたのが、もうひとりの青年、勝野くんだ。だれがわるい、なにがわるい。そうだ、オレたちはあのころまちがえたんだと。復讐へとたちあがる。自分の母校へ、鈴木先生のいる中学校へと。あとはまあ、勝野くんがナイフをもって人質をとったり、鈴木先生が説得にあたり、失敗してぶん殴られたり、みんなでとりおさえたりといろいろあるのだが、

それは映画をみてもらえたらとおもう。

もはや意思決定の必要はない
百の、千のグレーゾーンをつくれ

　ながながと映画の話をしてしまったが、わたしが民主主義についていいたいことはこれにつきる。生徒会選挙にしても、公園の話にしても、問題の根っこはひとつだ。みんなでひとつのことを決めなければならない、そうするのがあたりまえだと考えられていることだ。これ、所有の論理にもとづいているのって、わかるだろうか。わたしたちは、この資本主義のなかで、なんでもかんでも所有するのがあたりまえだとおもいこまされている。どんな場所であっても、だれかの所有物だ。だから、その使用方法をだれかが決める、そうしなくてはいけないといわれている。

　たとえば、公立学校は、生徒や教員の所有物だとみなされている。みんなのもちものだ。だから、もちろん、だれかひとりがその使い方を決めることはできないが、みんなで決めよう、それにしたがおうといわれている。多数による支配、民主主義だ。生徒は選挙をやらされて、みんなで決めたことにはしたがいましょうといわれてしまう。有無をいわせない。あるいは公園にしても、公共の場所というのは、だいたい近所の住人たちの所有物であるかのようにみなされている。もしかしたら、住人みんなで、全員一致の話しあいがなされるかもしれない。でも、そこにニートやホームレスがはいる余地はない。かれらは土地もちではない、みんなの場所を汚し、財産を侵害する犯罪者みたいなものだとみなされている。日々、冷たい視線をあびせか

けられ、排除される。社会的いじめである。

　はっきりさせておこう。みんなのことはみんなで決めようとか、そんなことを言うやつがいたら、いつでも殴る覚悟をしておかなくてはならない。そいつは敵だ、友じゃない。だって、はじめから自分の声が大きくて、多数派であることを知っているやつなのだから。ずるい、きたない、信用できない。よく考えてほしい。みんなが使う場所というのは、だれにも所有できないということだ。だれにも決定なんてできやしない。だって、いつだれがそこにやってくるかはわからないわけだし、いつだれがどんな使い方をしたくなるかなんてわからないのだから。もしかしたら、いまは邪魔物あつかいされているけれども、5年後、10年後、むちゃくちゃ必要とされているものだってあるだろう。はじめから言っちゃいけないことなんてない、やっちゃいけないことなんてない。それがダメだといわれているのは、いまこの場所をむりやり支配している連中がいるというだけのことだ。

　じゃあ、たとえば公園でタバコを吸ったり、校則を破ってなにかするためにはどうしたらいいか。そんなの簡単だ。世間をあざむけ。大人の目を盗めばいい。こっそりやってしまえばいいのである。グレーゾーンだ。というか、これすでにみんなやっていることではないだろうか。気をつけなくちゃいけないのは、多数決や全員一致でルールを変えよう、そうしなければ、なにもやっちゃいけないとかいわれたら、いまやれることもできなくなってしまうということだ。だいたい、そんなのめんどうくさくてたまらない。多数による支配をぶちこわせ。そもそも、ひとがひとを支

配するのがおかしいんだ。権力をつくるのはもうやめよう。脱構成的権力。もはや意思決定の必要はない。やりたいとおもったことを、やりたいとおもった連中とやればいいだけだ。百の、千のグレーゾーンをつくれ。自分のことは自分でやる、やれるんだ。まずは、その感覚をやしなうことからはじめよう。勝手にしやがれ、ヘイ！ ブラザー。

くりはら・やすし　1979 年生まれ。政治学者。専門はアナキズム研究。著書に『村に火をつけ、白痴になれ 伊藤野枝伝』『大杉栄伝　永遠のアナキズム』『現代暴力論 「あばれる力」を取り戻す』『学生に賃金を』など。

無自覚だった私の18、9歳

瀬戸内寂聴

私は今年93歳である。1922年（大正11）5月15日生れだから、この文章が活字になる頃は、94歳の誕生日も、目前にきていることだろう。辛うじてまだ認知症にはなっていないと思っているが、他人の目にはとっくにおかしく映っているのかもしれない。

　先日、SEALDsの女の子3人と逢って話しあうことができた。19歳1人、20歳2人で、それぞれ美しく可愛らしく魅力的だった。2人はまだ大学生で、1人は劇団で演出の勉強をしようとしているという。3人ともSEALDsで役を受持って、デモの企画をしたり、PRをしたり活躍している。SEALDsに入ったり、デモに行ったりするのは、自分が生きているこの世を、住みよく、人はみな自由に、銘々の幸福を得るばかりでなく、この世にたまたま一緒の時代に生きている人類すべての幸福と平和を願っているからだろう。けなげで凛々しく頼もしい若者たちである。SEALDsを立ちあげた奥田愛基さんとはまだ逢ったことがないが、彼の大学の先生だった高橋源一郎さんとは、高橋さんの文才を誰よりも早く認めたという因縁から、ずっと同志的友愛を抱いている仲なので、高橋さんが親身に応

援している教え子たちの作った SEALDs に、関心と好意を持ちつづけているのだった。

　昔のべ平連の運動のリーダーだった小田実さんとは彼の亡くなるまで親しかったが、『何でも見てやろう』というベストセラーを書いた小田さんがベトナム戦争に反対を称えて運動を始めた時、若い人たちがどっと彼の元に集り、世の中が大きく動いた。特に若い女たちが潮のように小田さんの許に押寄せた。小田さんはそんな男としての性的魅力もあった。

　高橋さんが今、奥田さんたち SEALDs のメンバーの先生役で（実際に奥田さんの大学時代の先生だった）今も何かと相談役や応援をしているのが往時の小田さんを思いおこさせて、頼もしい。その高橋さんが、若い彼らの働きぶりを「まぶしい」と書いているのを見た時、胸が熱くなった。

　私は、過去のどのデモにも参加したことがなかった。丁度小説を書く仕事が漸く認められて、注文が殺到し始めた頃で、自分の運命の波に乗り外れまいと無我夢中だったので、デモに行くどころではなかった。しかしその当時、同棲していた 4 歳年下の男が、小さな仕事を始めていたが、仕事をほったらかして、毎日、デモに通っているのは知っていた。彼の身が心配で、雑誌社の帰り、デモの通る街角に立って、彼のデモっている姿をひそかに見ていたことを、その時自分の着ていた着物の柄まではっきり覚えている。そのデモの先頭近くの列の中で、大きな声で何か叫んでいる彼のいきいきした若々しい表情を見た時、言いようもないまぶしい気持になった。その時、突然、彼と別れるべきだ、彼を彼の本来の道に返すべきだという感情が熱い湯の

ように胸を満してきた。その予感はやがて現実のこととなった。

　若い SEALDs の 3 人に逢った後、私の彼女たちの年頃はどうしていたかときかれることが多くなった。

　「17、8 が 2 度候かよ」といったのは壺井栄さんだっただろうか。私は 18 歳の春、徳島の女学校を卒業して、東京女子大に入学していた。国語専攻部の予科 1 年本科 3 年の予定であった。

　本科 1 年の 12 月 8 日、学期末試験の最中で、夜遅く明日の試験勉強に熱中していた時、廊下を誰かが何か叫びながら走ってゆく。それが真珠湾攻撃のニュースを知らせる寮生の興奮しきった声であった。それを聞いた直後の私の感想は、「明日の試験はなくなるだろう、もう寝よう」というものだった。翌日、何の変化もなく予定どおり試験はあった。私は散々の成績であった。

　その頃から、着物の袖を短く切れとか、寮の食事が少しずつ貧しくなるとか、外人の英語教師が帰国してしまうとか、次第に戦時局の気配が学内にも伝ってきた。それでも、アメリカのキリスト教信者の寄付金で建てたという学校は、どこか世間よりのんびりしていた。

　バケツのリレーで空襲の消火の練習をしても、くすくす笑い声が絶えなかった。

　大本営発表は日本軍があらゆる戦地で勝っているという報道ばかりであった。

　昭和 19 年 3 月卒業の筈の私たちは、18 年 9 月、半年早く突然繰上げ卒業をした。男子の大学生を一日も早く兵隊にして戦地に送り出すための政策だった。前年婚約して

いた私は、半年早くなった卒業を喜んで、10 月に夫について彼の任地の北京へ渡っていった。

　全く恥かしい私の 18、9 歳の青春だった。

　その罰はそれからの私の生涯で存分に受けている。自分の命を世界を舞台に考えだし、忘己利他の精神に目覚めたのは、小説を書きはじめてからのことであった。

せとうち・じゃくちょう　1922 年生まれ。作家。著書に『田村俊子』『夏の終り』『花に問え』『美は乱調にあり』『場所』『源氏物語』(現代語訳)ほか、作品多数。近著に『わかれ』『死に支度』など。

敗戦の頃

山田洋次

　国と国が戦争をするということ、そして戦争に負けるということが市民にとってどんなことなのか。
　今から70年前の1945年。300万人の若者が中国や南方戦線で殺され、数十万の市民が米軍の空襲や原爆や沖縄の戦争で死亡し、東京大阪をはじめほとんどの都市が焼け野原となり、食料衣料住居のすべてが欠乏して国民は飢餓状態にあった上に海外の植民地だった樺太台湾朝鮮半島そして満州から何十万人もの引揚者が難民状態でリュックを背負って汽船にぎゅうぎゅう詰めにつめこまれて続々と帰国してくるという悲惨なこの国の戦後の様子を、いったい君たち若者にどう伝えたら分かってもらえるのだろうか。
　ちなみに、ぼくは満州から命からがら引き揚げてきた日本人の一人で、1947年、当時15歳でした。山口県の宇部という町の親戚を頼って1部屋に5人の家族が鼻をつきあわせて暮らす日々で、学費もアルバイト、それも肉体労働で稼がねばならないような貧しさでしたが、しかしほとんどの日本人がそんな貧しい中で懸命に生きていてそれが当たり前だったから決して貧しさを恥じたり悩んだりするようなことはありませんでした。むしろ戦争はもうこり

ごりだ二度とやってはいけないという思いから、この国は生まれ変わるのだ、軍国主義のあの嫌な時代とは縁を切ってこれからこの国はよくなるのだという希望が当時の日本人にはあって、お腹は空いていたけど、冬はオーバーもなくて寒かったけど、厚い雲が割れていてその向こうに青空が見えるようなある種の明るさがあの時代にあったように今思うのです。そういえば空襲でほとんどの生産現場は破壊されていて工場の煙突から煙など出ていなかったから空は綺麗だったし、川の汚染もなかったから海の水も澄んでいたのかもしれません。

そして新憲法が生まれ、第9条によって日本は戦争をしない国になる、そのために軍隊を持たないということが決められたことの驚きというか感動というか、あゝ日本はこういう新しい国になるんだなという思いは空腹に苦しむ中学生のぼくの心を大きな希望で満たしてくれたものでした。

戦前にはなかった「社会」という授業が引揚者にとっては新鮮というかちょっと不思議でもあったのだけど、その社会の先生は眼鏡をかけた栄養失調気味のヒョロヒョロに痩せた青年で、口から唾を飛ばしながら情熱を込めて、民主主義とはどのような制度なのかを教えてくれたことをなつかしく思い出します。

「君たちは成年になると選挙権を持ちこの国の政治に関わることになる、そこで質問だ。その場合君たちはなにを基準にして候補者を選ぶか。1人格、2政見、3所属する政党。この三つのうちまず1の人手を上げて」

過半数の生徒が手を上げ、ぼくもなんといっても政治家

には高潔な人格が大切だと考えて挙手した。

「次、2の政見」

残りのほとんどが手を上げた。

「じゃあ3の政党に投票するという者は」

東京から疎開でこの町に来ていた（戦後しばらく地方には疎開者という人たちが引揚者と同じようにヨソ者として暮らしていた）水野君という頭のいい、いかにも秀才の顔つきの少年が、たった一人で手を上げた。その時の先生の嬉しそうな表情をぼくは今でもまざまざと覚えている。やっぱりお前は分かっているんだな、ヨシヨシとでもいう心境だろうか、先生は笑顔で大きく頷いた。

「そうだ3が正しい」

それから政党政治ということについて先生は懸命に教えてくれたのだが、今から70年近く昔の田舎の中学校の教室で、そんなふうにしてお腹を空かした先生が情熱を込めて民主主義を教え、空腹をこらえながら生徒たちは感動のうちに三権分立について学んだ時代があったということを君たちに伝えたいと思います。

そして今この国の若者はあらためてその昔の中学生のように真剣に民主主義を学ぶべきではないだろうか。市民一人一人が個人としての意見を持っていて、違う意見であればお互いに議論を交わし少数意見を大事にするということ、多数だからといって必ずしも正しくはないことがあり時として少数意見の方が正しい場合もあるということ。さらにはたった一人でもその意見の方が正しい場合もあるということを、今思えば70年近く昔、山口県の中学校の木造の校舎の教室での疎開者の水野君の、凛とした発言を巡って

の授業を通してぼくはあのやせっぽちの先生から学んだのでした。

　稀にはたった一人の意見が多数の意見より正しい場合もあるということを、今この国の市民たちはもちろん、すべての官僚や特に政権を担当している政治家たちは真剣に考えなければならないと思うのです。

やまだ・ようじ　1931 年生まれ。映画監督・脚本家。監督作品に「男はつらいよ」や「学校」シリーズ、『家族はつらいよ』他多数。著書に『映画館(こや)がはねて』など。

普通でありながら、すごく普通ではないこと

鷲田清一

まねく」という語があります。「普く」とも「遍く」とも書きます。

「普通」といえば、ありふれたこと、なんの変哲もないことを意味しますが、元は「制限」や「限定」に対置される言葉でした。「制限選挙」に対して「普通選挙」、「特別限定列車」（急行列車）に対して「普通列車」、つまり特別な切符なしにだれでも乗れる列車、というようにです。

その「普通」がいま、元の意味に還りつつあるのでしょうか、たとえば Chim↑Pom という、ちょっと過激な現代アートの集団が「普通」についてこう語っています。《「ふつう」は僕らの中では意外と深いテーマでした。一般に「普通」と言えば「飛び抜けているところがない」といったネガティブなものですが、僕らの「ふつう」はそれよりも、奇抜さや目新しさや個性がもてはやされる世界（特にアートにはその風潮がありました）において、人類の「王道」を行く何か本質的なコンセプトだったように思います》

ここで「普通」とは、ひとの基本、つまり、ひとが生きるうえで拠りどころとなるもの、あるいはひとが心から納

得でき、それにすなおに従うことができること、従わなければならないこととでも言えそうな何かです。

　人類が編みだし、たえず修繕、改良しながらその実現に務めてきた「普通」の一つが、民主主義（デモクラシー）です。民主主義をわたしは、《だれをも「一」と捉え、「一」以上とも「一」以下とも考えないこと》というふうに理解しています。

　ひとが「一」であるというのは、社会のなかでだれもが同じ資格をもつものとして認められているということです。性とか境遇とか階層とか財産による制限を受けずに、すべての人がそれぞれ「一」として数えられるということです。個人はそこでは、生活状況の差異を捨象して、同質的なものとみなされる。つまり社会の構成単位（ユニット）とされるのです。

　これは今でこそ「普通」のことですが、じつは、まぎれもなく人びとが夥（おびただ）しい犠牲者を出しつつ勝ち取ってきた価値の一つです。人類の歴史は、家族や地域といった小さな社会が別の社会と出会い、交易しあい、支配／被支配の激しい抗争を潜り抜けて、やがて民族、国家といったより大きな社会のなかでみずからを捉えなおしてゆく過程でした。それはやがて「人類」という統合体（ユニオン）の一員としてじぶんたちを理解するような段階にまで至りました。それぞれの国家は独立で対等のものとみなされ、諸国民はさらにその国家をも超えて、「一」としての普遍的（ユニヴァーサル）な権利をもつと考えるようになりました。それが「人権」（ヒューマン・ライツ）です。わたしたちはこうしてみずからを「人類」（世界市民）という「最上級の共同体」（Ｖ・ジャンケレヴィッチ）とみなすようになりました。

　あまねく成り立つようにみえるこうした理念はしかし、

ある看過できない危うさを孕んでいます。

　家族という最小の共同体から「人類」という「最上級の共同体」まで、人びとが共同体を形成するときにはつねに、ある価値、ある理念の共有が条件となります。共同体は人びとの存在を一つに約めるものだからです。共同体は、人びとを同一の価値の下に糾合すること、一所に結集させることを志向するからです。

　どの集団、どの社会にもそれぞれに大事にしている価値の文化があります。それらを糾合するにはより高次のあまねき一つの価値に人びとを包摂しなければなりません。

　この包摂はある力関係のなかでなされます。民主主義的にものごとを決めるときに、多数決によるのが一般です。多くは代議制をとってじぶんたちの代表を選挙で選ぶわけですが、この多数決はとても危ういものです。人びとの判断や利害、嗜好はきわめて流動的なもので、だから選挙は「人気投票」のようになりがちです。反対に、こうした不安定を嫌って人びとがこぞって安定した一つの体制を望むとすれば、それはそうとは気づかれぬうちに "独裁" へと転じてしまいます。民主主義は専制にも親和的なのです。

　民主主義はしかし、民衆の多数決でものごとを決めることではないのです。「一つ」への決定は、それに同じないものをゼロにしてしまうからです。多数決で否認された人たち、それをゼロにしないことが、ほんとうの意味での民主主義です。民主主義は、決定の装置ではなく、決定の前後をも含むもの、つまりは決定にいたるまでの対話と調停の工夫、そして決定された後、否認された者への配慮を濃やかになすプロセスとして機能してはじめて、より《あま

ねきもの》へのたしかな途となります。

　そのためには、民主主義は、多文化主義へと、差異と多様性の肯定へと、その重心をずらさねばなりません。とはいえ、多様性と言った瞬間、わたしたちはもう多様なものを俯瞰する場所に立っています。多様性もまた全き「一つ」の視点になりかねないのです。たがいに異質な他者どうしが、上空からではなくあくまで地べたで、横向きに探りあうという関係がそこで維持されなくてはなりません。

　このことを心に留めておくために、オルテガ・イ・ガセットが自由主義について述べたことばを最後に引いておきます。《それは、多数者が少数者に与える権利なのであり、したがって、かつて地球上できかれた最も気高い叫びなのである。自由主義は、敵との共存、そればかりか弱い敵との共存の決意を表明する。人類が、かくも美しく、かくも矛盾に満ち、かくも優雅で、かくも曲芸的で、かくも自然に反することに到着したということは信じがたいことである》（『大衆の反逆』神吉敬三訳）。

　民主主義は、川俣正さんがアートについて語った言葉を借りて言えば、「普通のことを普通に行っていながら、すごく普通ではないこと」（川俣正）なのです。

　アーティストの言葉の引用で始め、アーティストの引用で終わりました。アートと民主主義をつなぐものについて、続いて考えてみたいと思っています。

　　　　　わしだ・きよかず　1949 年生まれ。京都市立芸術大学学長。専攻は哲学・倫理学。著書に『モードの迷宮』『現象学の視線』『「聴く」ことの力』『「ぐずぐず」の理由』『哲学の使い方』『しんがりの思想』など。

18歳からの民主主義　　　　岩波新書（新赤版）1599

2016 年 4 月 20 日　第 1 刷発行

編　者　岩波新書編集部

発行者　岡本　厚

発行所　株式会社　岩波書店
　　　　〒101-8002 東京都千代田区一ツ橋 2-5-5
　　　　案内 03-5210-4000　販売部 03-5210-4111
　　　　http://www.iwanami.co.jp/

　　　　新書編集部 03-5210-4054
　　　　http://www.iwanamishinsho.com/

印刷・三陽社　カバー・半七印刷　製本・中永製本

ISBN 978-4-00-431599-5　　Printed in Japan

岩波新書新赤版一〇〇〇点に際して

　ひとつの時代が終わったと言われて久しい。だが、その先にいかなる時代を展望するのか、私たちはその輪郭すら描きえていない。二〇世紀から持ち越した課題の多くは、未だ解決の緒を見つけることのできないままであり、二一世紀が新たに招きよせた問題も少なくない。グローバル資本主義の浸透、憎悪の連鎖、暴力の応酬——世界は混沌として深い不安の只中にある。

　現代社会においては変化が常態となり、速さと新しさに絶対的な価値が与えられた。消費社会の深化と情報技術の革命は、種々の境界を無くし、人々の生活やコミュニケーションの様式を根底から変容させてきた。ライフスタイルは多様化し、一面では個人の生き方をそれぞれが選びとる時代が始まっている。同時に、新たな格差が生まれ、様々な次元での亀裂や分断が深まっている。社会や歴史に対する意識が揺らぎ、普遍的な理念に対する根本的な懐疑や、現実を変えることへの無力感がひそかに根を張りつつある。そして生きることに誰もが困難を覚える時代が到来している。

　しかし、日常生活のそれぞれの場で、自由と民主主義を獲得し実践することを通じて、私たち自身がそうした閉塞を乗り超え、希望の時代の幕開けを告げてゆくことは不可能ではあるまい。そのために、いま求められていること——それは、個と個の間で開かれた対話を積み重ねながら、人間らしく生きることの条件について一人ひとりが粘り強く思考することではないか。その営みの糧となるもの、それこそ教養に外ならないと私たちは考える。歴史とは何か、よく生きるとはいかなることか、世界そして人間はどこへ向かうべきなのか——こうした根源的な問いとの格闘が、文化と知の厚みを作り出し、個人と社会を支える基盤としての教養となった。まさにそのような教養への道案内こそ、岩波新書が創刊以来、追求してきたことである。

　岩波新書は、日中戦争下の一九三八年一一月に赤版として創刊された。創刊の辞は、道義の精神に則らない日本の行動を憂慮し、批判的精神と良心的行動の欠如を戒めつつ、現代人の現代的教養を刊行の目的とする、と謳っている。以後、青版、黄版、新赤版と装いを改めながら、合計二五〇〇点余りを世に問うてきた。そして、いままた新赤版が一〇〇〇点を迎えたのを機に、人間の理性と良心への信頼を再確認し、それに裏打ちされた文化を培っていく決意を込めて、新しい装丁のもとに再出発したいと思う。一冊一冊から吹き出す新風が一人でも多くの読者の許に届くこと、そして希望ある時代への想像力を豊かにかき立てることを切に願う。

（二〇〇六年四月）